Hugo's

ADVANCED
SPANISH
COURSE

D0508186

Picture Credits

Jacket: All special photography Max Alexander, Joe Cornish, Neil Lukas, John Miller, except AGE Fotostock: top left and back cover.

Hugo's

ADVANCED
SPANISH
COURSE

Graham J. Bartlett & Angel M. Garrido

Hugo's Language Books

www.dk.com

A DORLING KINDERSLEY BOOK

This new edition published in Great Britain in 1998 by
Hugo's Language Books, an imprint of Dorling Kindersley Limited,
9 Henrietta Street, London WC2E 8PS

www.dk.com

A CIP catalogue record is available from the British Library.

ISBN 0 85285 379 3

Advanced Spanish Course is also available in
a pack with four cassettes, ISBN 0 85285 380 7

Written by

Graham J. Bartlett, M.A. (Cantab)
Head of Spanish at
Westminster School, London

and

Angel M. Garrido, M.Sc. (Indiana), M.A. (Lancaster)
Language Consultant
Spanish Tutor at
The Earnley Concourse, Chichester

Edited by
Cecilia Garrido, B.A., PG Dip. Ling.
Assistant Head
Language Centre
South Bank University, London

Set in 10/12pt Plantin
Printed and bound by LegoPrint, Italy

Contents

Preface

You will probably have completed a self-study beginners' course like *Spanish in Three Months* or perhaps you simply wish to brush up your knowledge of Spanish prior to visiting one of the Spanish speaking countries. Whatever your reasons for wanting to take your Spanish further, you will find this course helpful in improving the skills of reading and writing Spanish, and, if you obtain the four audio cassettes which accompany the course, your listening skills too.

The aims of this course

The *Advanced Spanish Course* has been designed for those who already have a basic knowledge of Spanish grammar and a small core vocabulary and now wish to continue their studies with a view to becoming more proficient, more fluent and more confident in both spoken and written Spanish.

Since no language can be learned in a cultural vacuum, without regard to the history and cultural realities of the people who speak it, the course focuses on regional aspects of both Spain and Latin America.

The aim of this course is therefore two-fold: to develop and extend the reader's competence in Spanish, and to focus on five regions of Spain and five different areas of Latin America.

Method

Each of the ten lessons consists of:

a) A '**¿Sabía Ud. que...?**' section, which covers interesting aspects of the country or region being studied.

b) Longer **Reading** passages looking in greater depth at some aspects of the geography, history or culture of the country or region under focus, with vocabulary lists and written exercises.

c) An **Explanatory Notes** section which gives clear, concise explanations in English of grammatical, morphological or semantic aspects of Spanish. These notes are followed by further exercises.

d) A **Listening Exercise**, at the end of each chapter, has questions to test whether you have understood the text. Help is provided in the form of a further vocabulary list, and ideally you should listen to this excerpt on cassette. If you do not have the cassettes, you can still familiarise yourself with the language through reading the scripts.

Cassettes

You are strongly recommended to obtain the four audio cassettes which accompany the course. Not only do they contain the **Listening Exercises,** with oral vocabulary tests, but selected **Reading** passages and other elements are also recorded - all helping to accustom your ear to Spanish as pronounced by native speakers.

Latin-American and Castilian Spanish

With the exception of Brazil and the three Guianas, Spanish is the main language in the vast area which stretches from the Southern states of the USA to the cold regions of Cape Horn and Tierra del Fuego, from North of the Tropic of Cancer to the Antarctic. Its number of speakers outnumber European Spanish speakers by almost ten to one.

No single language spoken over such an enormous area could have hoped to survive as a uniform whole, without developing its own local usage and regional differences even within the same country.

It is often forgotten how many variations of language exist within Spain itself, and at the time of the colonisation such differences were far greater, because the language was only just beginning to change as a result of the recent political unification of the country. Only in the seventeenth century did Castilian become the most important form of Spanish. Certain variations in Latin American speech may owe their existence to the practice of people migrating to areas of the New World, which would allow them to carry on their trades - fishermen to coastal regions, for example, thereby encouraging similar patterns of speech in a particular region. The influence of pre-Columbian indian vocabulary to describe the new fauna and flora, and the language of the slaves who arrived in the eighteenth century are just two other influences which were brought to bear on the fast developing language of the immigrant communities. The difficulties of communication before the twentieth century and reduced contact with Spain since the beginning of the nineteenth obviously encouraged the development of regional dialects.

Yet despite all these factors, and against all the odds, mutual intelligibility between Spaniards and their American cousins is guaranteed. Formal speech, the language of the business meeting, the media, and literature, varies little throughout the Spanish speaking world. The major differences occur in the spoken, everyday use of the language - in accent, vocabulary, and colloquial expression, as one would expect. Sometimes the meaning of a word can change completely from one country to another and the same object may have different names, but the grammar has held together so well that a Hispanic-American has no difficulty communicating with someone from 'La madre Patria.'

As we journey through the Spanish speaking world, we shall notice the differences that divide old world and new, but the texts are written in standard Spanish which would be totally comprehensible in any Spanish speaking country. Such differences when they do occur, are explained and celebrated rather than cringed at. American Spanish is rich and varied, softer and more cadenced than its European counterpart. The differences between the two and those between the Spanish of one American country and another make a fascinating subject for study.

The essential differences

Perhaps the most important differences are in pronunciation and vocabulary, with less significant dissimilarities in grammatical forms, pronouns and tenses. It would be helpful at the outset to explain the main differences in accent which will be heard on the cassettes. The other differences will be explained as we meet them in the various texts which focus on specific countries.

Pronunciation

1 Seseo

The pronunciation of **ce, ci, za, zo** and **zu** as **se, si, sa, so** and **su,** is called **seseo** and distinguishes the accent of Southern Spain from the **ceceo** or lisp of Castilian, which would pronounce them as in <u>th</u>eft, <u>th</u>eme, <u>th</u>atch, <u>th</u>aw, and <u>th</u>ulium. Since the earliest and most numerous of the emigrants to the Americas were Andalusians, they naturally took with them the seseo, which soon became the dominant form of pronunciation in American Spanish. In the sixteenth century, travellers bound for the Indies had to pass through Seville where they had to wait for a boat to take them - their departure often delayed for months. The voyage itself lasted over a month, in all of which time the emigrant families were subjected to the prevailing **seseo** accent of the **sevillanos.** When the Castilian lisp became more prevalent in Spain in the seventeenth century, it became fashionable among the Creole upper classes in America to use the **ceceo**, but this trend was reversed irrevocably in the years following independence from Spain in the 1820's as a self-assertive gesture by the newly emerging republics. Ironically the Hispanic-Americans used to prefer to call their language **castellano** rather than **español** to distinguish it from the language of their former colonial masters. The term does not denote a preference for the **ceceo** - in fact, quite the reverse.

2 's' without the sh-sound

The Castilian tendency to pronounce the 's' of España as E<u>sh</u>paña does not obtain in Spanish America. As in the Canary Islands and some parts of Southern Spain, American Spanish speakers pronounce the letter 's' very much like its English equivalent.

3 Weak 's'

Another feature which the lowland areas of Spanish America (the Caribbean Basin, Argentina and Uruguay), the Canaries, and Southern Spain all have in common is the tendency to weaken the pre-consonantal 's' to the point where it becomes an a soft aspiration ('h') and at times it disappears completely. E.g.:

Las maletas no están aquí is pronounced more like:
Lah maletah no ehtán aquí.

or

La' maleta' no e'tán aquí.

4 Consonant Weakening

In those parts of the Spanish-speaking world where the 's' is weak, the same is true for other consonants. E.g.:

1   The final **-r** is often dropped (**llamá**, instead of **llamar**);

2   Likewise the **-d-** of the -ado past participle (**hablao**, instead of **hablado**);

3   Even final **-n** can be cut short (**bié**, instead of **bien**), especially in the Caribbean area.

5 Yeísmo

All over Spanish America, there is no phonetic distinction between '**ll**' and '**y**'. They are both pronounced the same: y̱ as in the English word 'yes' or as j in 'John', or a sound in between, depending on regional preference. This is also true of wide areas in Spain and is called **yeísmo**. In the area of the River Plate (Argentina, Uruguay and Paraguay), the '**ll**' and '**y**' are both pronounced like the 'si' of the English word 'occasion.' The traditional sound of '**ll**' (as in the 'lli' of million) has virtually disappeared from Spanish.

ACKNOWLEDGMENTS

The authors would like to thank all those organizations which have kindly allowed us to use their copyright materials, namely:

Microsoft Corporation, Diario 16, El País Semanal, Noticias Latin America, Mundo Latino, Crónica Latina, la Xunta de Galicia, la Junta de Castilla y León, the Spanish Tourist Office, SoftKey International, the BBC, Aries International, Inc., Regents Publishing Co. Inc., The Sunday Times, Mary Glasgow Publications, Ediciones Castell, International Thompson Publishing Services Limited.

Chapter 1   **Castilla**

In this chapter you are going to practise how to express regret and how to offer or accept an apology.

Reading

La mayor región natural de la Península Ibérica y su núcleo es la Meseta Central. Es la altiplanicie más grande y elevada de Europa Occidental, con tierras de altura media entre 600 y 1.200 metros. Ocupa todo el centro de España y está rodeada de cordilleras que la aíslan del mar y que le confieren un clima continental con inviernos largos y severos y veranos

¿Sabía Ud. que ...?

- En el Parque del Retiro en Madrid se encuentra la estatua del Angel Caído, la única escultura pública en el mundo dedicada al diablo.

- La Mancha deriva su nombre de *al mansha,* que en árabe significa 'tierra seca'.

- En la construcción de Escorial se usaron piedras de granito talladas, unidas sin cemento.

cálidos y rigurosos ('nueve meses de invierno y tres de infierno'). Desde la Edad Media la Meseta ha jugado un papel dominante en la vida española: de aquí surgió la corona de Castilla, cuya influencia en la historia y el destino españoles ha sido muy marcada; desde aquí se lanzó la Reconquista; es la cuna del castellano, la lengua local que se extendió por la península y más tarde, como español, por el imperio hispánico; finalmente, la región ha sido el centro del gobierno y el poder por mucho tiempo.

El norte de la altiplanicie se conoce como la Meseta Septentrional y está limitado al sur por la Cordillera Cantábrica; es una región fértil bañada por el río Duero y dedicada principalmente al cultivo de cereales.

© Ediciones Castell
El acueducto de Segovia

En esta llanura está Castilla-León, donde se encuentran vestigios que atestiguan todas las culturas que han contribuido a plasmar a España a lo largo de toda su historia: el acueducto de Segovia (época romana); San Juan de Baños (época visigótica); el castillo de Gormaz (época árabe); las murallas de Avila (época románica); la catedral de Burgos (época gótica); el palacio de Valladolid (el Renacimiento), el Real Sitio de la Granja (siglo XVIII) y los modernos edificios y construcciones de los siglos XIX y XX, especialmente los teatros, las galerías de arte y los museos.

Además de historia, Castilla-León es una región de mucho arte y cultura, en la que brillan Salamanca, designada Patrimonio Cultural de la Humanidad por la riqueza de su arte e historia; Zamora, con su gran variedad de estilos arquitectónicos,

© Ediciones Castell
Las murallas de Avila

especialmente su catedral, sus iglesias románicas y sus murallas; León, con su impresionante Catedral de San Isidro, que despliega la mayor superficie de vitrales de toda España y una colección de 2.000 pergaminos; Soria, que ha sido el objeto de las mejores páginas de escritores como Bécquer, Unamuno, Azorín y especialmente Antonio Machado; y Burgos, con su hermosa catedral, una de las joyas del estilo gótico y también Patrimonio de la Humanidad.

En el sur de la altiplanicie, en la Meseta Meridional, se encuentra Castilla-La Mancha, región llena de historia, salpicada de castillos medievales y ruinas romanas, donde abundan pueblos y aldeas de mucho colorido, muchos de los cuales se asocian con las aventuras de Don Quijote y Sancho Panza.

Casi la mitad oriental de la Meseta Meridional está ocupada por la mayor llanura de España, la Mancha, que se extiende por las provincias de Toledo, Cuenca, Ciudad Real y Albacete. Es una altiplanicie uniforme, tan horizontal que los ríos se estancan a menudo. Su pluviosidad es muy escasa y en el verano la temperatura puede llegar a los 40°C. aumentando así la sequedad. Sin embargo, el suelo es fértil y la Mancha produce cereales y vinos, aceitunas y azafrán.

©Ediciones Castell
Las Casas Colgantes - Cuenca

En la Mancha se encuentran centros urbanos como Ciudad Real, el centro

4

de la región Manchega, con sus hermosas plazas y atractivas iglesias; Guadalajara, cuyo nombre significa 'los ríos de piedra' - posiblemente una temprana referencia árabe al río Henares, situada en la hermosa y atractiva Alcarria; Cuenca, con sus casas colgantes y su gran tradición artística; y Albacete, con sus atractivas artesanías.

En medio de las dos partes de la Meseta Central, en el centro geográfico de España se encuentra Madrid, la capital, con sus museos, edificios, parques y jardines, todos llenos de historia, arte y cultura.

Al sur de Madrid se levanta Toledo, la Ciudad Imperial, la ciudad que reúne todo lo que es genuinamente español, en su historia, sus monumentos, su arte, sus gentes y su ambiente.

© Ediciones Castell
El oso y el madroño - Madrid

Vocabulary

única	only
diablo, *m*	devil
seca	dry
granito, *m*	granite
talladas	cut (stones)
altiplanicie, *f*	plateau
rodeada	surrounded
cordillera, *f*	mountain range
aíslan *(aislar)*	isolate
confieren *(conferir)*	confer
cálidos	hot
rigurosos	hard, severe
jugar un papel	to play a role
surgió *(surgir)*	arose
corona	crown
lanzó *(lanzar)*	launched
cuna, *f*	cradle
poder, *m*	power
septentrional	northern
vestigio, *m*	vestige, relic
atestiguan *(atestiguar)*	bear witness

plasmar	to forge
Patrimonio Cultural de la Humanidad, *m*	Cultural Heritage of Humanity
muralla, *f*	(city) wall
despliega *(desplegar)*	displays
vitral, *m*	stained window
pergamino, *m*	parchment
meridional	southern
salpicada	sprinkled
aldea, *f*	village
colorido, *m*	character
mitad, *f*	half
llanura, *f*	plain, flat land
se estancan *(estancarse)*	stop (flowing)
a menudo	often
pluviosidad, *f*	rain fall
escasa	scarce
sequedad, *f*	dryness
azafrán, *m*	saffron
colgantes	hanging
artesanía, *f*	crafts
se levanta *(levantarse)*	rises
reúne *(reunir)*	brings together
ambiente, *m*	ambience

Exercise 1.1

Rewrite these sentences replacing the words underlined with an appropriate expression from the list provided and changing the form of other words, if necessary.

país, influencia, no corren, extensa, poca lluvia, capital, obras, sintetiza, reliquias, morisca

1   La Meseta Central es la altiplanicie más grande de Europa Occidental.

2   La Meseta ha tenido mucha importancia en la historia de España.

3   En la Meseta Septentrional hay numerosos vestigios de muchas culturas.

4   Muchos escritores famosos han dedicado sus mejores páginas a Soria.

5   Castillla-La Mancha es la tierra de Don Quijote.

6   Los ríos de La Mancha frecuentemente se estancan.

7   La Meseta Meridional tiene una pluviosidad muy escasa.

8 Guadalajara es una referencia <u>árabe</u> al río Henares.

9 Madrid es el <u>centro político</u> de España.

10 Toledo <u>reúne</u> todo lo que es genuinamente español.

El Escorial

El famoso palacio-monasterio de El Escorial se encuentra treinta
y nueve kilómetros al noroeste de Madrid, a la vista de la sierra
de Guadarrama. Una excelente red de comunicaciones lo conecta
con la capital; el viaje, sea por carretera o por tren, es placentero
y presenta al visitante paisajes impresionantes y de mucha belleza,
especialmente a medida que uno se acerca a las montañas.

© Ediciones Castell
El Escorial

El Monasterio de San Lorenzo el Real, concebido y comisionado
por Felipe II, proyectado por Juan Bautista de Toledo y realizado
por Juan de Herrera entre 1563 y 1584, es un ejemplo supremo
de austeridad y grandeza arquitectónicas. Dado que su
construcción, piedra por piedra, sólo duró un poco más de 20
años, es un testimonio a la calidad de sus arquitectos y
trabajadores y a la determinación del rey. Su nombre se debe a
que Felipe II decidió hacerlo construir sobre una colina de
escoria.

La edificación fue dedicada a San Lorenzo porque en su día (el
10 de agosto) en 1557 Felipe triunfó en la batalla de San Quintín
a consecuencia de lo cual Francia y España terminaron unidas
políticamente. El monasterio tiene la forma de una parrilla en
honor a la muerte de su patrono, quien fue quemado vivo por los
romanos. El palacio mismo representa el asa, y las torres las
cuatro patas en que se apoya la parrilla. El símbolo de la parrilla
se repite en muchas otras partes del edificio y se usa como el
emblema de El Escorial.

Felipe II concibió El Escorial como una representación del poder de la monarquía española, su hegemonía sobre el resto de Europa, el triunfo de la iglesia católica sobre la protestante, el esplendor de la liturgia divina y la gloria de las artes y las ciencias. Es por esto que El Escorial contiene una basílica impresionante; casas y edificios para la corte, la administración, la guardia, etc., (las llamadas 'Casas de los Oficios'); una vasta colección de pinturas y retratos de Velázquez, el Greco, Ticiano, Tintoretto y Bosch; la biblioteca más grande de la época (3.379 libros impresos, 1.886 manuscritos en árabe, 582 en griego, 2.086 en latín y 7.000 dibujos e impresos), todos de un valor bibliográfico único. Felipe también quiso que El Escorial fuese el panteón de todos los monarcas españoles: con la excepción de Felipe V y Fernando VI, el mausoleo contiene los restos de todos los reyes y reinas desde Carlos V.

Vocabulary

vista (a la)	in sight
paisaje, *m*	landscape
a medida que uno se acerca	as you get near
dado que	given that
escoria, *f*	slag, dross heap
parrilla, *f*	gridiron, grill
quemado *(quemar)* vivo	burnt alive
asa, *f*	handle
emblema, *m*	emblem, symbol
biblioteca, *f*	library
restos, *m*	remains

Exercise 1.2

*State whether each of the following statements is true (**verdadero**) or false (**falso**):*

1 El símbolo de El Escorial es una parrilla.
2 En la construcción de El Escorial sólo se utilizaron piedras.
3 'Escorial' era el nombre de una colina.
4 El Escorial fue dedicado a San Lorenzo porque su construcción se inició el 10 de agosto.
5 Dada la tecnología de la época, la construcción de El Escorial duró poco tiempo.
6 La sierra de Guadarrama está cerca de El Escorial.

7 Los restos de Felipe V están en El Escorial.

8 Durante el reinado de Felipe II Francia y España estuvieron unidas.

9 El Escorial contiene la biblioteca más extensa de España.

10 Felipe II concibió El Escorial como un mausoleo.

Castilla: tierra de castillos

© Junta de Castilla y León
El Alcázar de Segovia

El antiguo reino de Castilla evolucionó después de muchos siglos en dos regiones administrativas, Castilla la Nueva y Castilla la Vieja. Desde 1978, el territorio se divide entre las autonomías de Castilla-León y Castilla-La Mancha. Aunque estos cambios han sido importantes, la antigua Castilla sobrevive en el espíritu de sus gentes, su arte, su cultura, sus universidades, sus ruinas y monumentos.

Castilla ofrece al visitante muchas atracciones tanto naturales como artísticas y culturales. Pero no hay nada que se asocie más con Castilla que sus castillos, los cuales le dieron su nombre a la región y atestiguan su ilustre historia. Los castillos constituyen una cultura ancestral que se ha conservado por generaciones y que se continuará restaurando y preservando para el futuro. Este interés en salvar este patrimonio único no sólo se debe a la acción de las administraciones públicas, sino también a un auténtico espíritu comunitario.

Hay numerosos castillos en perfecto estado de restauración, mientras que otros, lastimosamente, ofrecen apenas vestigios de su glorioso papel en la Reconquista. Muchos son propiedad del estado o de las administraciones locales, mientras que otros están en manos de particulares. Algunos, como el Torreón de doña Urraca (Covarrubias), el castillo del Cid (Sotopalacios) y el castillo del Buen Amor (Villanueva de Cañedo) sirven de

vivienda, permanente u ocasional; otros, como el castillo de la
Triste Condesa (Arenas de San Pedro), el castillo-palacio de
Magalia (Las Navas del Marqués), el Torreón de los Guzmanes
(Caleruega), el castillo de los Templarios (Ponferrada), el castillo
de Peñafiel y el Alcázar de Segovia se usan para actividades
recreativas, culturales y artísticas y/o como museos; algunos como
el castillo de Ciudad Rodrigo, el castillo de Villaviciosa y la Torre
del Caracol del castillo de Benavente, han sido restaurados y
convertidos en atractivos hoteles y paradores; otros como el
castillo de Coca, el castillo de Cuéllar y el castillo de la Mota
(Valladolid) han sido equipados y dedicados a cursos, seminarios
y congresos; algunos otros se dedican a usos más mundanos
como el castillo de Villalba de los Alcores, cuyos sótanos se usan
para curar quesos, y el castillo de Castronuevo (Rivilla de
Barajas), cuyos campos y alrededores se dedican a la agricultura;
muchos otros como el magnífico castillo de Santa Gadea del Cid
y el castillo de Castrojeriz se encuentran en ruinas o en vías de
restauración. Pero, cualquiera que sea el estado de los castillos,
en muy pocas ocasiones dejará el visitante de saborear la historia
de la Reconquista y las leyendas de la época de caballerías en sus
piedras centenarias.

Vocabulary

evolucionó, *(evolucionar)*	evolved
lastimosamente	alas, sadly
en manos de particulares	in private hands
vivienda, *f*	dwelling
parador, *m*	state-owned hotel
sótano, *m*	basement
curar (quesos)	to cure (cheeses)
en vías de	in the process of
cualquiera que sea el estado	whatever the state
saborear	to relish, to appreciate
época de caballerías, *f*	era of chivalry
centenaria	ancient, old

Exercise 1.3

Complete the following statements with the appropriate word:

Reconquista, educativos, Castilla, vivienda, parador, las leyendas de caballería, preservado, reino

1 ___ debe su nombre a sus numerosos castillos.

2 Castilla fue originalmente un ___.

3 Los castillos manchegos se han ___ gracias a acción gubernamental y a esfuerzos particulares.

4 Los castillos manchegos son testigos de la ___.

5 Muchos castillos sirven de ___.

6 El castillo de Villaviciosa es un ___.

7 Algunos castillos como el de la Mota se destinan a usos ___.

8 El origen de los castillos manchegos se mezcla con ___.

La Mancha: la llanura eterna

'...Y, ya fuera del pueblo, la llanura ancha, la llanura infinita, la llanura desesperante, se ha extendido ante nuestra vista. En el fondo, allá en la línea remota del horizonte, aparecía una pincelada larga, azul, de un azul claro, tenue, suave; acá y allá, refulgiendo al sol, destacaban las paredes blancas, nítidas, de las casas diseminadas en la campiña; el camino, estrecho y amarillento, se perdía ante nosotros, y de una banda y de otra, a derecha e izquierda, partían centenares de surcos, rectos, interminables, simétricos.

...La jaca corre desesperada, impetuosa; las anchurosas piezas se suceden iguales, monótonas; todo el campo es llano, uniforme, gris, sin un altozano, sin la más suave ondulación. Ya han quedado atrás, durante un momento, las hazas sembradas en que el trigo temprano o el alcacel comienza a verdear sobre los surcos; ahora, todo el campo que abarca nuestra vista es una extensión gris, negruzca, desolada.'

Azorín: 'La Ruta de Don Quijote'

© Spanish Tourist Office
Molinos de viento en el Campo de Criptana

Vocabulary

desesperante	unbearable
vista, *f*	sight
fondo, *m*	background
pincelada, *f*	brush-stroke
refulgiendo *(refulgir)*	shining
nítidas	clear
estrecho	narrow
amarillento	yellowish
centenar, *m*	hundred
surco, *m*	furrow
jaca, *f*	small horse
altozano, *m*	hillock
haza, *f*	small plot of (arable) land
sembradas *(sembrar)*	planted
trigo temprano, *m*	early wheat
alcacel, *m*	barley field
verdear	to turn green
abarca *(abarcar)*	covers
negruzca	blackish

Don Quijote y Sancho Panza

La aventura de los molinos de viento

En esto descubrieron treinta o cuarenta molinos de viento en aquel campo; cuando Don Quijote los vio, dijo a su escudero:

- La suerte va guiando nuestras cosas mejor de lo que deseamos; porque ves allí, amigo Sancho Panza, treinta o pocos más gigantes con quienes pienso hacer batalla y matarlos, y con cuyos despojos nos comenzaremos a enriquecer; que esta guerra es buena y estamos al servicio de Dios.

- ¿Qué gigantes?, dijo Sancho Panza.

- Aquellos que ves allí, respondió su amo, de brazos largos.

- Mire, vuestra merced, respondió Sancho, siento mucho contradecirle, pero esos no son gigantes, sino molinos de viento, y los que parecen brazos son las aspas que, con el viento, hacen mover la piedra del molino.

- Bien parece, respondió Don Quijote, que no sabes mucho de aventuras: son gigantes, y si tienes miedo, quítate de ahí, ponte a rezar y déjame entrar en fiera y desigual batalla con ellos.

12

Y diciendo esto espoleó su caballo Rocinante, sin atender a Sancho Panza, quien insistía que eran molinos de viento y no gigantes. Pero Don Quijote, quien no oía los gritos de su escudero, iba diciendo en voz alta:

- No huyáis, cobardes y viles criaturas, que un solo caballero os ataca.

Se levantó un poco de viento y las grandes aspas de los molinos comenzaron a moverse.

- Aunque mováis mucho los brazos, no me asustáis, gritó Don Quijote.

Y diciendo esto se encomendó a su señora Dulcinea, arremetió a todo galope y embistió al primer molino que encontró a su paso, dándole una lanzada en el aspa. La lanza se volvió pedazos y Don Quijote y Rocinante terminaron rodando maltrechos por el suelo. Sancho Panza corrió a socorrerlo en su asno, el Rucio, y encontró que casi no se podía mover.

- ¡Válgame Dios!, dijo Sancho, me arrepiento de no haber insistido más en que estos no eran gigantes sino molinos de viento.

- No importa, amigo Sancho, respondió Don Quijote, que las cosas de guerra cambian todo el tiempo; y entre más lo pienso, más me convenzo que fue el sabio Frestón quien convirtió los gigantes en molinos de viento para quitarme la gloria de

derrotarlos; tal es la enemistad que me tiene, pero mi espada triunfará sobre sus malas artes.

Y habiendo escuchado esto, Sancho Panza lo ayudó a levantar y a montar a Rocinante, y se dirigieron a Puerto Lápice en busca de más aventuras...

© Spanish Tourist Office

Cervantes: 'El Ingenioso Hidalgo Don Quijote de la Mancha' (adaptado)

Vocabulary

molino de viento, *m*	wind mill
escudero, *m*	squire
hacer batalla	to battle
despojo, *m*	loot, booty
amo, *m*	master
vuestra merced	your lordship
aspa, *f*	arms, blades
quítate de ahí	out of the way
rezar	to pray
entrar en batalla	to go into battle
fiera	fierce
desigual	unequal
espoleó *(espolear)*	to stir up on
no huyáis *(huir)*	don't flee, don't run away
cobardes	coward
caballero, *m*	knight
se encomendó *(encomendarse)*	put his trust in
arremetió *(arremeterse)*	attacked
embistió *(embestir)*	charged
se volvió pedazos *(volver)*	broke into pieces
maltrechos	battered, injured
asno, *m*	donkey
¡Válgame Dios!	For goodness sake!
mas me convenzo *(convencer)*	I am more convinced
derrotar	to defeat
enemistad, *f*	hatred, dislike
malas artes, *f*	trickery, deceit
en busca de	in search of

Exercise 1.4

*State whether each of the following statements is true (**verdadero**) or false (**falso**):*

1 El escudero de Don Quijote se llamaba Sancho Panza.
2 Don Quijote pensó que era mala suerte encontrarse con los gigantes.
3 Los gigantes no eran más que molinos de viento.
4 Sancho Panza no quiso entrar en la batalla porque no tenía armas.
5 Don Quijote pensó que esta batalla lo haría rico.
6 Don Quijote se asustó cuando las aspas de los molinos se empezaron a mover.
7 Sancho Panza siguió a su amo en la batalla.
8 Don Quijote embistió el aspa del molino con su espada.

9 Sancho Panza ayudó a Don Quijote a montar al Rucio.
10 Después de la batalla, Sancho Panza y Don Quijote se dirigieron a Puerto Lápice a buscar a los gigantes.

Explanatory notes

1 Expressing regret

Sentir + infinitive is used to express regret for omission:

Siento mucho contradecirle.
I'm sorry to contradict you.

Arrepentirse de or **estar arrepentido / -a de +** infinitive is used to express regret for an earlier action:

Me arrepiento de no haber insistido en que...
I regret not to have insisted that...

If you are sorry that somebody else has done something or is in a particular predicament, then the verb following **que** is in the subjunctive:

Siento que tú <u>estés</u> enfermo / -a.
I am sorry that you are ill

Siento que no <u>hayan</u> venido.
I'm sorry they haven't come.

Whenever the subject is different in the two clauses (<u>I</u> am sorry that <u>you</u> are ill) **Sentir que** takes a subjunctive:

¿Sientes que tu hijo no pueda venir en Navidad?
Are you sorry that your son can't come at Christmas?

Exercise 1.5

Translate into Spanish:

1 I am sorry the book is too expensive.
2 I regret to have to leave now.
3 She regrets her decision.
4 Aren't you sorry your team did not win?

5   They were sorry to have offended us.

6   Nobody regrets that more than me.

7   We are very sorry you are not feeling well.

8   He regrets not putting an offer for the house.

9   She regrets that he did not tell her in time.

10 I am sorry that you missed your plane.

2   Offering and accepting apology

The commonest way of apologising for something is to say:

Lo siento or **disculpe,** which mean 'I'm sorry' and 'Excuse me' respectively.

When you say what it is you are sorry for, the '**lo**' is dropped and an infinitive follows:

> **Sentimos haberle molestado.**
> We're sorry we disturbed you.

Other ways of apologising are:

> **Quisiera pedir disculpas por haberle causado molestias.**
> I'd like to apologise for inconveniencing you.

> **¡Qué vergüenza!**
> How embarrassing!

> **Me siento muy avergonzado / -a por...**
> I'm very embarrassed about...

To accept an apology, one usually says:

> **No se preocupe.**
> Don't worry.

> **No importa.**
> It doesn't matter.

> **No pasó nada.**
> It's all right.

Exercise 1.6

Reply to each sentence using an expression of apology (offering or accepting):

1 La habitación no tiene vista al mar como dice en el folleto.
2 Me despertaste anoche.
3 Perdona que hice mucho ruido en el teléfono.
4 Se me olvidó comprar el pan.
5 Siento mucho no poder ir a la excursión.
6 Perdona que no te pude llamar anoche.
7 Tu respuesta fue ridícula.
8 Lamento mucho lo del accidente.
9 Tú abriste la carta, ¿cierto?
10 Discúlpame por no habértelo dicho antes.

Listening Exercise

Una visita a Toledo

The González are in Toledo for the day and want to find out what to see. They pay the Tourist Office a visit...

Sta. García	Buenos días, ¿en qué puedo servirles?
Sr. González	Buenos días. Llegamos anoche a Toledo y apenas tenemos un día para explorar esta maravillosa ciudad.
Sra. González	Se dice que Toledo es el resumen más evocativo de lo que es genuinamente español; así que no nos gustaría irnos sin llevarnos una buena idea de cómo es Toledo.
Sta. García	Por supuesto. Pero, siento mucho que no tengan más que un día para su visita. Es muy poco tiempo.
Sr. González	Y, ¿si nos limitamos a los sitios más importantes?

Sta. García	Lo difícil es decidir cuáles son los sitios más importantes. Todo en Toledo es importante. Es mejor que Uds. decidan si sólo quieren ver los edificios desde fuera, que son muchos, o si quieren mirar el interior de algunos sitios, junto con las obras de arte que contienen. ¿Uds. qué prefieren?
Sra. González	Disculpe, pero nosotros estamos aquí precisamente porque no sabemos qué hacer. Si Ud. no nos puede aconsejar, es mejor que vayamos a otra parte.
Sta. García	Mire, no es necesario que se ponga así. Es que hay tanto que ver en Toledo...Como Uds. saben, Toledo es una ciudad muy antigua, cuyos orígenes están envueltos en un velo de misterio y leyenda. Ya era una ciudad importante en la época romana y los visigodos la hicieron su capital en la península y la declararon 'ciudad regia'. Esto la convirtió en un centro de gran atracción para artistas y artesanos. Los musulmanes dejaron muchos vestigios artísticos y arquitectónicos que han sobrevivido hasta el presente. También es importante recordar la influencia judía.
Sra. González	¿Y existen muestras de cada cultura?
Sta. García	Afortunadamente sí, aunque sólo queda un edificio intacto de la era musulmana: la mezquita del Cristo de la Luz, que data del siglo X. La época cristiana dejó muchas muestras de arte mudéjar, en el que se mezclan motivos árabes y cristianos, como la iglesia de Santiago del Arrabal, construida en el siglo XIII y la iglesia de Santa María la Blanca, que es en realidad una sinagoga.
Sra. González	¿Y dónde se encuentran las pinturas del Greco?
Sta. García	En la Catedral del Primado de España, que es el mejor ejemplo de la arquitectura y el arte góticos. Unas pinturas del Greco se encuentran en la sacristía, que data del Renacimiento. La sacristía es en realidad un museo dedicado a sus pinturas y las de otros pintores como Goya, Van Dyck, Luca Giordano, Tristán, etc.

Sr. González	Gracias por la lección de historia, pero creo que esto sería más que suficiente para un día. Además, ya hace un buen tiempo que estamos aquí.
Sta. García	¡Que vergüenza! Perdonen Uds., pero me apasiona hablar de Toledo y de su historia, y cuando empiezo no acabo.
Sra. González	No pasa nada. No se preocupe. A mí también me gusta la historia. Con esta información podremos alcanzar nuestro objetivo.
Sta. García	Seguro, pero no se olviden de visitar la plaza de Zocodóver, el corazón y centro de vida cotidiana en Toledo. Y no se vayan sin visitar el símbolo de Toledo, el Alcázar, y...
Sr. González	Muchas gracias, señorita.
Sra. González	Sí, muchísimas gracias. Hasta la vista.
Sta. García	¡Que se diviertan y conozcan mucho!

Vocabulary

apenas	just
por supuesto	of course
lo difícil	the difficult thing to do
aconsejar	to advise
no es necesario que se ponga así	there is no need for that
envuelto en un velo de misterio y leyenda	shrouded in mystery and legend
ciudad regia	royal city
artesano, *m*	craftsman
mezquita, *f*	mosque
data de *(datar)*	dates from
muestra, *f*	example
sinagoga, *f*	synagogue
Primado	Primate, Cardinal
sacristía, *f*	sacristy
en realidad	truly, in reality
lección de historia, *f*	history lesson
hace un buen tiempo	it's been long enough
¡Qué vergüenza!	I'm sorry!

Exercise 1.7

Answer the following questions in Spanish:

1 ¿Cuántos días iban a estar los González en Toledo?
2 ¿Quiénes declararon a Toledo 'Ciudad Regia'?
3 ¿Quiénes habitaron Toledo después de los visigodos?
4 ¿Porqué es única la mezquita del Cristo de la Luz?
5 ¿Qué caracteriza el arte mudéjar?
6 ¿Por qué es interesante la Iglesia de Santa María la Blanca?
7 ¿De qué arte y arquitectura es muestra la Catedral del Primado de España?
8 ¿Por qué es famosa esta catedral?
9 ¿Cuál se considera el centro de actividad de Toledo?
10 ¿Cuál es el símbolo de Toledo?

Chapter 2   Cataluña

In this chapter you are going to practise the use of adjectives of nationality and regional origin, and how to express 'succeeding in doing something', 'doing something again', 'trying' and 'attempting'.

Reading

Cataluña está situada en el rincón noroeste de la península Ibérica. Al sur tiene una larga costa sobre el Mediterráneo y al norte los Pirineos la separan de Francia. Por su situación de cuña entre Francia y el resto de España, goza de la influencia de las dos culturas. Cataluña es una de las regiones más pobladas de España y,

¿Sabía Ud. que ...?

- Según algunos historiadores, la Generalitat del siglo XIV, el gobierno regional de Cataluña, fue el primer gobierno parlamentario del mundo.

- A mediados del siglo XIV la federación catalano-aragonesa gobernaba no solamente la región de Valencia y las Islas Baleares, sino también Cerdeña, Córcega, y gran parte de la actual Grecia.

Mar Cantábrico

Francia

Portugal

Gerona

Barcelona

Lérida

Tarragona

Mar Mediterráneo

junto con el País Vasco, es el área más industrializada de la
Península. A pesar de ser una región montañosa, su agricultura y
ganadería son importantes para la economía, así como la riqueza
forestal y la pesca. Pero su recurso más importante es el
comercio, siendo Cataluña la primera región mercantil de
España, y Barcelona su gran centro financiero.

La mayoría de sus habitantes viven en la capital o en sus muchas
ciudades satélites como Sabadell y Tarrasa. Los catalanes son
muy laboriosos, tenaces y emprendedores, y cuando hablan de
Europa se sienten más norteños que sureños y capaces de
competir con los franceses, alemanes y británicos. Los catalanes
se identifican primero como catalanes, segundo como europeos y
finalmente como españoles. Se sienten muy orgullosos de su
idioma, el catalán, que fue la primera lengua oficial de los Juegos
Olímpicos de 1992, y no el español, como era de esperarse.
Como los vascos, su afán de independencia es legendario y,
aunque no han utilizado medidas extremas para lograr alcanzarla,
su meta final es bien conocida.

Cataluña es la puerta de Europa, una encrucijada de culturas,
donde se reúne lo tradicional y lo moderno; la montaña y el mar,
la agricultura y la industria, el individualismo y el espíritu
comunitario.

Vocabulary

rincón, *m*	corner
cuña, *f*	wedge
laborioso	hard-working
tenaz	tenacious
emprendedor	entrepreneurial
norteño	from the north
sureño	from the south
encrucijada, *f*	cross-roads

El monasterio de Montserrat

Cataluña posee muchas atracciones para el visitante: la Costa
Brava, los Pirineos, Barcelona, las ruinas romanas, etc. Pero no
hay nada con que los catalanes se identifiquen más que
Montserrat y no es coincidencia fortuita que un nombre de mujer
muy común en Cataluña sea *Montserrat*. El monasterio

22

benedictino de Montserrat se encuentra a unos treinta y cinco kilómetros al noroeste de Barcelona, empotrado en un macizo montañoso, erosionado por los elementos durante milenios y configurado con formaciones rocosas espectaculares, que le dan un aspecto irreal, milagroso. Según Juan Maragall, escritor catalán, 'se asemeja a veces a una nube azulada de fantásticos bordes...un castillo gigantesco con cien torreones. Pero cuando se llega al pie y se alza delante anchamente y en mil agujas, entonces Montserrat es más que todo un ara, un templo.' El monasterio fue fundado en 1025 y se ha convertido en un símbolo por excelencia de la nacionalidad y de la cultura catalana: posee una biblioteca de más de 260.000 volúmenes, una

© Spanish Tourist Office

preciosa colección de arte religioso y una imprenta que ha funcionado continuamente desde 1499. Montserrat es también un santuario dedicado a la Virgen Morena, la Moreneta, patrona de Cataluña.

Vocabulary

empotrado	built-in
macizo, *m*	massif
erosionado	worn out
milenio, *m*	millennium
se asemeja *(asemejarse)*	looks like
nube, *f*	cloud
borde, *m*	lining
torreón, *m*	turret
ara, *m*	altar
imprenta, *f*	printing press

Exercise 2.1

Rewrite these sentences replacing the words underlined with an appropriate expression from the list provided and changing the form of other words, if necessary.

acuñada, colección de libros, comercial, industrias, autonomía, apariencia, erosionadas, idioma, por excelencia, casi

1 Cataluña está <u>situada</u> entre Francia y el resto de España.
2 El catalán es una <u>lengua</u> hermana del español.
3 Cataluña es la primera región <u>mercantil</u> de España.
4 Como los vascos, los catalanes buscan su <u>independencia de España</u>.
5 Los <u>negocios</u> catalanes son el motor de la economía local.
6 Montserrat se encuentra a <u>unos</u> 35 kilómetros de Barcelona.
7 Las rocas han sido <u>desgastadas</u> por la lluvia y el viento.
8 Montserrat contiene una <u>biblioteca</u> enorme.
9 Las formaciones rocosas le dan al monasterio un <u>aspecto</u> maravilloso.
10 Montserrat es el monumento catalán <u>más importante</u>.

Dos catalanes distinguidos: 1 Antonio Gaudí

Antonio Gaudí, nacido en Reus, cerca de Tarragona, el 23 de
julio de 1852, es el arquitecto catalán de más renombre. A la
edad de 15 años publicó sus primeros bosquejos y a los 18 diseñó
el escudo de armas del monasterio de Poblet. En 1873 inició sus
estudios de arquitectura en Barcelona, durante los cuales trabajó
con arquitectos famosos, entre los cuales se destaca Francisco
Paula de Villar, con quien más tarde colaboró en el monasterio de
Monserrat y la catedral de la Sagrada Familia. Entre 1878 y 1883
Gaudí logró establecer su reputación de innovador con varios
proyectos entre los cuales se cuenta el diseño de la iluminación
pública de Barcelona. En 1883 empezó a trabajar como
arquitecto en la construcción de la Sagrada Familia, su obra más
famosa.

Peter Scholey, Robert Harding Picture Library

© Microsoft Corporation, 1994

La Sagrada Familia es al mismo tiempo un ejemplo de la
tradición gótica y una muestra de la arquitectura del siglo XX. En
su construcción intentó Gaudí alcanzar la más completa y
deseable integración de la arquitectura con la pintura, la
escultura, la música, la cerámica, el forjado y la naturaleza

misma. Las torres, por ejemplo, siguen la estructura vertical de una caña y tardaron mucho tiempo en terminarse por la necesidad de observar principios acústicos en su construcción debido a que Gaudí las diseñó como campanas gigantescas.

Cuando Gaudí murió en 1926 atropellado por un tranvía, apenas se había terminado de construir la fachada principal. Desde entonces la lenta construcción continúa, a pesar de que muchos arquitectos no están de acuerdo, pues consideran que la Sagrada Familia fue una creación personal de Gaudí, imposible de ser continuada por otros.

Vocabulary

nacido	born
renombre (de más), *m*	best known
bosquejo, *m*	sketch, drawing
escudo de armas, *m*	coat of arms
iluminación pública, *f*	street lighting
deseable	desirable
forjado, *m*	forging (metal)
caña, *f*	cane
atropellado	run over
apenas	just
fachada, *f*	façade
lenta	slow
a pesar de	in spite of
de acuerdo *(estar)*	to agree

Exercise 2.2

Complete the following statements with the appropriate word:

acabada, propia, fama, continuada, siguiendo, integrar, a la vez, quieren, conocida, bosquejos

1   Gaudí es el arquitecto catalán de más ___.

2   A los 15 años, Antonio Gaudí publicó sus primeros ___.

3   La Sagrada Familia es la obra más ___ de Gaudí.

4   Las torres fueron construidas ___ principios acústicos.

5   La Sagrada Familia es ___ gótica y moderna.

6   La Sagrada Familia fue una creación ___ de Gaudí.

7   Muchos arquitectos no ___ que se continúe su construcción.

8   La catedral todavía no está ___.

9   Según algunos seguidores de Gaudí, la construcción no
    puede ser ___ por otros.

10 En la Sagrada Familia Gaudí quiso ___ la arquitectura con
    las artes.

Dos catalanes distinguidos: 2 Salvador Dalí

Salvador Dalí nació en Figueras, un pueblecito catalán, el 11 de
mayo de 1904. Desde muy temprana edad, demostró gran
destreza en el dibujo y la pintura, y sus primeros cuadros revelan
gran visión, sensibilidad artística y una tendencia obvia a
experimentar con luz, color y textura. En 1923 estudió
brevemente en la Academia Libre en Madrid. En 1928 se marchó
para París a unirse al movimiento surrealista. Durante esta época
produjo muchos cuadros entre los cuales se destacan *la
Persistencia de la Memoria* y *el Espectro del Sex-appeal*. En 1940
consiguió radicarse en los Estados Unidos donde ganó fama y
celebridad no sólo por sus cuadros, sino también por sus
pronunciamientos y estilo de vida. De esta época son famosos
cuadros de tipo religioso como la *Madona de Port Lligat,* el *Cristo
de San Juan de la Cruz* y *la Ultima Cena.*

© Microsoft Corporation, 1994

Dalí tenía una
personalidad compleja y
se inclinaba por la
controversia y el
exhibicionismo. Le
gustaba provocar al
gusto establecido con
obras, acciones y
opiniones chocantes y
calculadas.

En los últimos años de
su vida, Dalí se refugió
en el pueblo catalán de
Cadaqués de Port Lligat,
de donde nunca volvió a salir y donde murió en 1989.

Una entrevista con Salvador Dalí

- ¿Quiénes han sido los artistas que más han influido en Ud?

- Ciertamente algunos maestros españoles como Goya y
Velázquez. Pero prefiero a los holandeses Vermeer y G. Dou,
discípulo de Rembrandt. En Dou he descubierto algo fascinante.
Hizo dobles de algunos de sus cuadros y la gente pensó durante
muchos años que los hacía sólo por vender más cuadros. Yo he
examinado esos cuadros con una lupa y he comprobado que esos
dobles no son exactamente iguales: En uno, por ejemplo, una
ventana es más grande en el original que en el doble.
Probablemente, gracias a la ayuda de su contemporáneo, Van
Leeuwenhoek, inventor del microscopio, se valió de espejos y
lentes especiales para crear un cuadro estereoscópico único. En lo
que a mí concierne, trato de reinventar tales lentes. También
trabajo en hologramas, que son pinturas tridimensionales a base
de rayos láser.

*- Los críticos afirman que Ud. a veces es demasiado comercial, que se
presta a escenas tontas, como cortarse el bigote delante las pantallas de
TV, o permitir que su nombre aparezca en algunos productos. ¿Es Ud.
de veras exclusivamente comercial?*

- Es absolutamente cierto. Como a cualquier otra persona, a Dalí
le gusta el dinero. El oro es para mí algo fabuloso. En la Edad
Media, se hicieron muchos intentos fútiles de obtener oro de
materiales pobres. De otra parte, si hablo sobre cosas serias, por
ejemplo, de G. Dou, nadie presta atención a lo que digo. No
obstante, le gente está interesada en mi personalidad.

*- A veces da la impresión de que se ríe de la gente cuando hace lo que
hace. ¿Es verdad?*

- Nunca me río de la gente. Soy muy serio, quizás trágico.
Algunas veces, sin embargo, me río después de haber hecho algo.
Pero me río de mí mismo, no de los otros.

- ¿Se considera Ud. un gran artista?

- No, no. En comparación con Velázquez o Vermeer, por
ejemplo, soy un artista modesto. Pero en comparación con los
artistas de hoy, probablemente soy el mejor.

- Los críticos sugieren que tiene Ud. una obsesión por el tiempo y de ahí la presencia constante de relojes distorsionados y otros elementos representativos del transcurso del tiempo en cuadros como 'la Persistencia de la Memoria.' ¿Qué opinión tiene Ud. de esto?

- En esto los críticos tienen razón en parte. Hay muchas cosas que me han obsesionado durante mi carrera: el tiempo, el nacimiento, la muerte, el sexo, la paranoia, la dualidad humana, el hambre, la violencia, la estructura atómica, el espacio, etc.

Pero una de las más persistentes ha sido el tiempo, porque es algo de lo que no se puede escapar.

Mis cuadros reflejan no sólo esta presencia constante, sino también la dualidad tiempo-espacio. Los críticos, sin embargo, no han acertado en adivinar el significado de los relojes distorsionados. ¡La inspiración me vino simplemente de observar cómo se derrite y se deforma el queso Camembert!

(Adaptado de una entrevista en 'Newsweek' Octubre 27, 1975)

La Persistencia de la Memoria

Vocabulary

temprana	early
destreza, *f*	skill

dibujo, *m*	drawing
brevemente	for a short time
se marchó *(marcharse)*	went, left for
unirse	to join
radicarse	to establish oneself
gusto establecido, *m*	conventional taste
chocante	shocking
se refugió *(refugiarse)*	sought refuge
lupa, *f*	magnifying glass
espejos, *m*	mirror
lente, *m*	lens
rayo láser, *m*	laser ray
se presta *(prestarse)*	lend yourself
tonta	silly
bigote, *m*	moustache
pantalla, *f*	screen
de veras	truly
Edad Media, *f*	Middle Ages
presta *(prestar)* **atención**	pays attention
no obstante	nevertheless
reloj, *m*	watch, clock
distorsionado	distorted
transcurso, *m*	passing (of time)
carrera, *f*	career
nacimiento, *m*	birth
muerte, *f*	death
hambre, *f*	hunger
acertado *(acertar)*	got it (right)
se derrite *(derretirse)*	melts

Exercise 2.3

*State whether each of the following statements is true (**verdadero**) or false (**falso**):*

1 Dalí mostró precocidad artística desde muy joven.
2 Dalí nunca estudió pintura.
3 En los Estados Unidos Dalí ganó fama como surrealista.
4 Dalí nunca le dedicó tiempo a la pintura sacra.
5 A Dalí le gustaba provocar y chocar al status quo.
6 Dalí prefiere a los pintores españoles.
7 Las pinturas de G. Dou fueron copiadas por Dalí.
8 Según Dalí, a la gente le interesa más su personalidad que sus pinturas.
9 Dalí se inspiró en el queso Camembert para pintar 'La Persistencia de la Memoria'.
10 Una obsesión de Dalí fue la muerte.

Explanatory notes

1 Adjectives of nationality and regional origin

Adjectives of nationality, like any other adjective in Spanish, agree in both gender and number with the noun they qualify. But those which end in a consonant add **-a** for the feminine singular form, **-es** for the masculine plural form and **-as** for the feminine plural form. E.g.:

> **una región española**
> a Spanish region

> **los Pirineos franceses**
> the French Pyrenees

> **costumbres catalanas**
> Catalonian customs

Adjectives of this type ending in **-e** do not vary in gender:

> **un taxi londinense**
> a London taxi

> **una ciudad estadounidense**
> a US city

They, however, form the plural in the normal way:

> **taxis londinenses**
> London taxis

> **ciudades estadounidenses**
> US cities

Other adjectives in this category include:

costarricense	Costa Rican
conquense	Cuencan
bonaerense	from Buenos Aires
nicaragüense	Nicaraguan
canadiense	Canadian

Note that these adjectives are not capitalised in Spanish, nor are the names of languages: **español, catalán, francés,** etc.

Exercise 2.4

Substitute suitable adjectives for the underlined phrases in the following sentences: e.g.

Entre los residentes de Londres hay una alta incidencia de asma.
Entre los londinenses hay una alta incidencia de asma.

1 Conocimos a una familia de Francia.
2 Tengo dos amigos que son de Córdoba.
3 Las mujeres de Irlanda por lo general son extrovertidas.
4 Estas chicas son de Cataluña.
5 El equipo de fútbol de Madrid ganó el campeonato.
6 Hay más botes pesqueros en España que en Inglaterra.
7 Los jugadores de rugby de Escocia y de Gales son muy fuertes.
8 Hasta las mujeres de Barcelona son muy aficionadas al fútbol.
9 Los políticos de los Estados Unidos, de Alemania y de Japón se reunieron en Washington.
10 La música de Cuba es muy popular.

Exercise 2.5

Make statements about the origins of the following deceased people following the example:

Picasso (Andalucía)
Picasso era andaluz.

1 Los hermanos Wright (Los Estados Unidos)
2 Francisco Franco (Galicia, España)
3 Simón Bolívar (Venezuela)
4 Las hermanas Bronte (Inglaterra)
5 Lenin (Rusia)
6 Cristobal Colón (Italia)
7 Dante (Italia)
8 Cervantes (España)
9 Beethoven (Alemania)
10 Juana de Arco (Francia)

32

2 How to say 'to succeed in doing something', 'to manage to do something'

Gaudí logró establecer su reputación.
Gaudi managed to establish his reputation.

Dalí consiguió radicarse en los Estados Unidos.
Dali managed to set himself up in the US.

As well as **poder** + infinitive, Spanish can use either **lograr** + infinitive or **conseguir** + infinitive:

Pudimos llegar a tiempo.
We made it on time.

Lograron escaparse de la cárcel.
They managed to escape from jail.

Por fin conseguí abrir la puerta.
I finally managed to open the door.

But to succeed in life, or in a career, or in love, is translated by **tener éxito en**:

Tuvo mucho éxito en su carrera.
He had a very successful career.

Espero que tengas mucho éxito en tu matrimonio.
I hope your marriage is successful.

Exercise 2.6

*Link the two halves of the following statements with a verb of succeeding or managing. Use past tense forms, like **pudo / pudieron, logró / lograron**, or **consiguió / consiguieron** so that they make good sense:*

1 Durante los siglos XVI y XVII los conquistadores ...
2 En el siglo XV los españoles ...
3 En 1995 Miguel Indurain ...
4 Mientras estuvo apresado por los moros Cervantes ...
5 En 1981 el Rey Juan Carlos ...
6 En el año 711 los moros invadieron España y ...

7   Aníbal con su ejército y elefantes ...
8   Cristobal Colón ...
9   En julio de 1995 Arantxa Sanchez-Vicario no ...
10 La democracia española ...

A   ganar la final de tenis de Wimbledon.
B   colonizar las Américas.
C   ganar su quinto Tour de Francia.
D   atravesar los Pirineos.
E   sobrevivir el golpe militar.
F   escaparse repetidas veces.
G   obtener el apoyo de los Reyes Católicos.
H   reconquistar la península.
I   disuadir al ejército de apoyar el golpe.
J   conquistar casi toda la Península.

3   How to say 'to do something again'

Spanish can use the phrases **'de nuevo'**, or **'otra vez'**, to mean 'to do something again' but there is a very useful structure **volver a** + infinitive:

> **Dalí nunca volvió a salir de Cadaqués**.
> Dali never left Cadaques again.

> **No vuelvas a pedirme dinero.**
> Do not ask me for money again.

> **Volvimos a vernos anoche.**
> We met again last night.

Exercise 2.7

*Express these repeated actions by using **volver a** + infinitive. E.g.:*

> Salió mal otra vez en los exámenes.
> Volvió a salir mal en los exámenes.

1   Salieron de nuevo para la oficina.
2   Hizo lo mismo otra vez.

34

3 Empezamos a trabajar de nuevo.
4 Pon el disco otra vez.
5 Tocaron la pieza otra vez.
6 Jugamos al ajedrez de nuevo.
7 Compraron demasiada comida otra vez.
8 ¿Estudiaste otra vez el texto?
9 ¿Pusiste la carta en el buzón otra vez?
10 Nunca más tomé leche.

4 To express 'trying' and 'attempting'

'To try to do something' is usually **tratar de** + infinitive, but
intentar + infinitive, and **procurar** + infinitive are also possible.

> **Intentamos solucionar el problema.**
> We tried to solve the problem.

> **Procura llegar temprano.**
> Try to arrive early.

'To try out' is **probar (un coche nuevo)**, and the same verb is
used for food and drink **(probar un vino)**. 'To try on' is
probarse (ropa, zapatos). 'To have a try' is also **probar** or
intentar. 'To try one's best' is **esforzarse (mucho)**.

Exercise 2.8

Translate the following sentences into Spanish:

1 Try to remember my telephone number.
2 We tried many different wines.
3 She tried on six pairs of shoes.
4 He tried his best, but failed the interview.
5 It's not difficult - have a try!
6 Why don't you try to sell it?
7 The tie he tried on was very expensive.
8 The class must try harder.
9 Don't try to fool the policeman.
10 Who is going to try to win the race?

Listening Exercise

La Molina - Pirineo catalán

© El País, Noviembre de 1994

La Molina es la estación invernal tradicional de los catalanes, de donde han surgido varias generaciones de esquiadores. Su pista más larga comienza a 2.537 metros de altitud y termina a 1.700, frente a la parada del autobús.

Situación: En el Pirineo oriental a 8 kilómetros de Alp y a 140 de Gerona.

Accesos: Desde Barcelona por la carretera N-152 de Vic o por la N-1.411, a través del túnel del Cadí.

Pistas: Preparadas con máquinas pisapistas. Hay que destacar las excelentes condiciones técnicas de sus pistas. Bastan unos centímetros de nieve para que puedan ser plenamente utilizadas. Muchas de estas pistas son aptas tanto para el simple aficionado como para el esquiador de competición.

Pista de descenso olímpico: En perfectas condiciones durante cinco meses del año; 3.700 metros de longitud; 100 metros de anchura máxima y 30 metros mínima; 837 metros de desnivel. Pista apta para competiciones internacionales de máxima categoría.

Servicios: La Molina - cuya temporada óptima es de diciembre a abril - dispone, junto con los servicios técnicos necesarios para la enseñanza del esquí, de guardería infantil, alquiler de esquís, venta de artículos deportivos, servicio religioso los domingos, servicio médico, cine, salas de fiesta, aparcamiento y gasolinera.

Lo mejor: Nieve artificial todo el tiempo; amplia oferta de atractivos hoteles y restaurantes en el valle de Cerdenya; vecindad de la estación invernal de Masella y proximidad con otras estaciones del Pirineo; buena comunicación con el ferrocarril de Barcelona.

Lo peor: Largas colas los fines de semana y festivos en general; problemas de aparcamiento; falta de amabilidad por parte del personal de servicio; incompatibilidad en los pases entre La Molina y Masella, a pesar de que las pistas se comunican.

Información: Centro Invernal del Valle de la Molina. Alp (Gerona). Teléfono 89 21 61.

© El País, Noviembre de 1994

Vocabulary

estación invernal, *f*	winter resort
surgido *(surgir)*	emerged
esquiador, *m*	skier
pista, *f*	piste, ski slope
máquina pisapistas, *f*	a snow levelling machine
destacar	to highlight
bastar	to be enough
plenamente	fully
apta	suitable
aficionado, *m*	amateur
remonte, *m*	ski lift
longitud, *f*	length
anchura, *f*	width
desnivel, *m*	the fall, incline

temporada, *f*	season, period
óptimo	best
disponer de	to have (facilities)
enseñanza, *f*	teaching
guardería infantil, *f*	child care
alquiler de esquís, *m*	ski hire
venta, *f*	sale
artículo deportivo, *m*	sports item
sala de fiesta, *f*	party room
gasolinera, *f*	petrol station
pase, *m*	ski pass (document)

Exercise 2.9

Answer the following questions in Spanish:

1 ¿A qué distancia está la Molina de la costa?
2 ¿Cómo se llama la ciudad más cercana?
3 ¿Cómo se puede llegar a la Molina desde Barcelona?
4 ¿Qué medios se utilizan para preparar las pistas?
5 ¿Qué categoría de esquiadores puede utilizar las pistas de la Molina?
6 ¿Cuáles son los mejores meses del año para esquiar en la Molina?
7 ¿Qué servicios ofrece la Molina a los motoristas?
8 ¿Cuándo se puede disponer de nieve artificial?
9 ¿Cuál es la desventaja de esquiar en la Molina los fines de semana?
10 ¿Qué debería existir entre la Molina y Masella dado que las pistas se comunican?

Chapter 3   Andalucía

In this chapter you are going to practise uses of the subjunctive with expressions of emotion and probability.

Reading

Con casi una sexta parte del área total del país, Andalucía es la región más grande de España y la más poblada. Situada en la parte sur de la Península, es una extensa llanura bañada por el Guadalquivir, el 'río grande' de los árabes, que los romanos llamaron Betis. Es una región caracterizada por su diversidad física y marcados contrastes: nieves perpetuas en la Sierra

¿Sabía Ud. que...?

• Una raíz común en topónimos del sur de Andalucía y otras regiones del sur y centro de España es 'Guadi', del árabe *wadi,* que significa 'río'.

• A pesar de los ocho siglos de ocupación musulmana, el árabe nunca se impuso en España.

• Se dice que el dialecto Andaluz dio origen al habla hispanoamericana.

Nevada y altas temperaturas en Sevilla en el verano; la precipitación promedio más alta de Europa Occidental en las marismas de Doñana y el área más seca de Europa en Almería; grandes centros de población y turismo en la costa y extensas áreas despobladas en el interior.

En Andalucía se distinguen cuatro regiones:

La Sierra Morena, que sirve de límite con la altiplanicie castellana y ocupa parte de las provincias de Huelva, Sevilla, Córdoba y Jaén. Es una región tradicionalmente minera, rica en plomo, hulla y cobre.

La depresión bética, que se extiende a lo largo de la riberas del Guadalquivir y que ha sido la ruta de acceso de las muchas civilizaciones que se han asentado en la Península. Es un área muy fértil que comprende las campiñas de Jaén, Córdoba y Sevilla y termina en Doñana, el mayor parque natural de Europa, donde el estuario del Guadalquivir crea marismas que dan refugio a una fauna muy rica y variada.

Las cordilleras béticas, en la parte sudoriental de Andalucía, que corren paralelas al mar y ocupan la mayor parte de la región. Contienen varias sierras entre las que sobresalen las Serranía de Ronda, la de Alpujarra y la Sierra Nevada; en ésta última se encuentran los picos más altos de la Península Ibérica.

Y finalmente la costa, con sus 812 kilómetros sobre el Atlántico y el Mediterráneo, ofrece en su Costa de la Luz, Costa del Sol, Costa Tropical y Costa de Almería el mayor atractivo turístico de Europa.

Andalucía es también la región agrícola más importante de España y la segunda en la cría de animales. Además de los cultivos mediterráneos tradicionales (aceitunas, cereales y viñedos), se producen arroz, algodón, frutas cítricas y frutas tropicales.

Andalucía tiene importantes centros de población entre los que se destacan, Sevilla, Granada, Córdoba, Cádiz, Jaén, Huelva, Málaga y Almería, cada una de las cuales brinda atractivos especiales, ya sean turísticos o culturales.

La región contiene importantes muestras artísticas y culturales que se remontan a los orígenes de la civilización europea: pinturas prehistóricas rupestres, restos de la civilización de bronce, vestigios fenicios, griegos y cartagineses; la bética de los romanos fue la región más avanzada de la Hispania, lo cual se evidencia en las innumerables ruinas de ciudades y en el sistema de regadío; luego vinieron las invasiones visigodas, que trajeron destrucción, pero también mucha influencia artística. Sin embargo fue la prolongada ocupación musulmana (siglos VIII al XV), la que dio a la región, conocida entonces como Al-Andalús, la rica mezcla de cultura hispano-árabe que la convirtió en el principal centro creador del mundo de la época. Ejemplos supremos de esta innovadora mezcla son la mezquita de Córdoba, la Giralda de Sevilla, y la Alhambra y el Generalife de Granada.

La vitalidad creadora del la cultura hispano-árabe no terminó con el fin del imperio árabe en España, sino que continuó durante el Renacimiento y el Barroco, manifestándose principalmente en la arquitectura y la escultura, pero también en la pintura de artistas como Velázquez y en las obras de escritores como fray Luis de Granada y Luis de Góngora.

Esta influencia se nota aún en los siglos XIX y XX, que han producido nombres famosos como Manuel de Falla, Pablo Picasso y una larga lista de escritores como Gustavo Adolfo Bécquer, Juan Valera, Pedro Antonio de Alarcón, Manuel y Antonio Machado, Juan Ramón Jiménez; Alberti, García Lorca...

Andalucía también posee una cultura popular en la que sobresalen el flamenco, con su conocidos baile, cadencia y cante; las procesiones y las romerías de Semana Santa, saturadas de color y populismo religioso; el dialecto andaluz, con su música y variedad de matices; y su gastronomía, que han legado al mundo el gazpacho, el jamón de Jabugo y los vinos de Jerez.

Vocabulary

raíz, *f*	root, stem
topónimo, *m*	place-name
se impuso *(imponerse)*	got established
precipitación, *f*	rainfall, precipitation
promedio, *m*	average
marisma, *f*	marsh
despoblada	unpopulated
plomo, *m*	lead
hulla, *f*	coal
cobre, *m*	copper

ribera, *f*	(river) bank
se han asentado *(asentarse)*	have established themselves
campiña, *f*	countryside
estuario, *m*	estuary, delta
sierra, *f*	mountain range
serranía, *f*	mountain range
pico, *m*	peak, height
agrícola	agricultural
cría de animales, *f*	animal husbandry
viñedo, *m*	vineyard
se remontan *(remontarse)*	date from
rupestre	rupestrian, rock (adj.)
regadío, *m*	irrigation
luego	later
mezcla, *f*	blend, mixture
sobresalen *(sobresalir)*	stand out
cadencia, *f*	cadence, rhythm
cante, *m*	singing
romería, *f*	pilgrimage
matiz, *m*	nuance

Exercise 3.1

Rewrite these sentences replacing the words underlined with an appropriate expression from the list provided and changing the form of other words, if necessary.

culturas, literatos, promedio de lluvia, cimas, área, establecieron, regada, son manifestaciones, árabe, reserva

1 Andalucía es la región más grande de España.
2 Doñana es un parque natural.
3 Es una altiplanicie bañada por el Guadalquivir.
4 Andalucía tiene la precipitación promedio más alta de Europa.
5 Muchas civilizaciones se asentaron el la Península.
6 La Sierra Nevada tiene los picos más altos de la Península.
7 En Andalucía hay vestigios de muchas civilizaciones.
8 La ocupación musulmana de España duró ocho siglos .
9 Andalucía ha producido muchos escritores.
10 Las procesiones y romerías de Semana Santa tienen mucho color y populismo religiosos.

42

Sevilla: fabulosa e histórica

Las raíces de Sevilla se remontan al siglo IV a.C. con los avanzados, pero misteriosos Tartesos, en cuyas ruinas los romanos construyeron una ciudad a la que llamaron Híspalis, vocablo de origen fenicio o celtíbero del que se dice que se deriva la palabra Hispania, nombre que los romanos dieron a la Península. A los romanos sucedieron los visigodos y a éstos los árabes, quienes restauraron la belleza y esplendor de Izvila (de donde se deriva su nombre moderno) con edificaciones como la Giralda, el imponente minarete, originalmente coronado con cuatro manzanas doradas, construido en 1198. Después de la reconquista de la ciudad por Fernando II se completó la torre con veinticinco campanas y una enorme estatua de la Fe, la cual sirve de veleta, y a la que se conoce localmente como 'Giraldilla', de donde se deriva el nombre de Giralda.

La ciudad llegó a la cúspide de su esplendor durante los siglos XVI y XVII, cuando tenía el monopolio del comercio con las colonias americanas y se convirtió en el puerto más importante y rico del mundo. De esta época data la fama de la Torre del Oro,

© Spanish Tourist Office
La Torre del Oro de Sevilla

construida en 1220 como torre de defensa en la margen izquierda del Guadalquivir. Se dice que cuando Sevilla administraba las colonias americanas, la torre se usó para almacenar las inmensas cantidades de oro provenientes del Nuevo Mundo. De ahí su nombre. Otros opinan que el nombre probablemente sea una referencia a los azulejos dorados que la cubrían.

Sevilla posee la catedral más grande de España y la tercera en el mundo cristiano, después de las de San Pedro en Roma y la de San Pablo en Londres. La catedral de Sevilla fue erigida sobre las ruinas de la mezquita mayor de la ciudad, derrumbada en el siglo XII con este propósito; guarda los restos de Cristóbal Colón y una excelente colección de pinturas de Murillo, Zurbarán y Goya.

Sevilla es la ciudad donde tiene lugar la historia de Carmen (principal personaje de la ópera de Bizet) y es famosa por sus finos jardines y típicos barrios, que le dan un colorido y una vida únicos. También conocidas son las celebraciones de Semana Santa, con sus cofradías y procesiones, y la feria de abril, con sus famosas flores, casetas e iluminaciones.

Sevilla ha producido muchas eminencias culturales y artísticas entre las cuales descuellan Antonio Nebrija, quien escribió la primera gramática española; Bécquer, el gran poeta romántico; Antonio Machado, poeta; y los pintores Diego Velázquez y Bartolomé Esteban Murillo. En una de sus cárceles Miguel de Cervantes concibió las aventuras de Don Quijote.

Vocabulary

fenicio	Phoenician
celtíbero, *m*	Celto-Iberian
minarete, *m*	minaret
veleta, *f*	weather-vane
cúspide, *f*	height, pinnacle
esplendor, *m*	splendour, grandeur
margen, *f*	(river) bank
almacenar	to store, to stock
proveniente	coming from
azulejo, *m*	(ornamental) glazed tile
erigida *(erigir)*	erected
derrumbada *(derrumbar)*	pulled down
restos, *m*	remains
cofradía, *f*	brotherhood

44

caseta, *f*	temporary hut
descuellan *(descollar)*	stand out
cárcel, *f*	prison

Exercise 3.2

Complete the following statements with the appropriate word:

tumba, próspera, defensa, encarcelado, ambiente, gramático, luces, estatua, se desarrolla, Izvila

1 ___ fue el nombre que los árabes le dieron a Híspalis.
2 Giraldilla es el nombre de una ___.
3 La Torre del Oro se construyó originalmente para la ___ de Sevilla.
4 Sevilla era una ciudad ___ en los siglos XVI y XVII.
5 La ___ de Cristóbal Colón se encuentra en la catedral de Sevilla.
6 Los jardines y barrios le dan a Sevilla un ___ único.
7 'Carmen', la ópera de Bizet ___ en Sevilla.
8 Para la feria de abril, Sevilla se cubre de ___.
9 Antonio Nebrija fue el primer ___ español.
10 Miguel de Cervantes estuvo ___ en Sevilla.

Córdoba, ciudad del espíritu

Fundada sobre una antigua ciudad celtíbera, Córdoba fue construida hacia el año 152 a.C. como capital de la provincia romana Hispania Ulterior. Estuvo por un corto tiempo en manos de los visigodos y entre los siglos VIII y XI fue la capital de la España musulmana y corte de los califas de occidente. Los musulmanes fomentaron el desarrollo de una gran cultura basada en el arte y la ciencia, en la que se integraron las tradiciones cristiana, judía y musulmana. Fue reconquistada por Fernando II en 1236 y dos siglos después se convirtió en la base desde donde los Reyes Católicos ingeniaron y dirigieron el sitio de Granada.

Córdoba es famosa tanto en el mundo musulmán como en el mundo cristiano por la mezquita, su principal monumento. Es una construcción única en su género - el símbolo de esplendor del califato - concebida como 'aljama', lugar de oración y reuniones. Empezó a construirse sobre las bases de una iglesia visigótica por orden de Abderramán I en el siglo VIII; fue continuada bajo los reinados de Abderramán II y Alhaquén, y terminada a finales del siglo X bajo Almanzor.

Al ser conquistada Córdoba, la mezquita fue consagrada como catedral y dos siglos más tarde en su centro, por orden de los Reyes Católicos, se construyó una capilla. Durante el reinado de Carlos V se iniciaron obras de ampliación de la capilla que duraron doscientos cuarenta y tres años, lo que explica la combinación de formas arquitectónicas - ojivales, platerescas, herrerianas y barrocas - que se conjugan en harmonía y gran

© Spanish Tourist Office
Vista parcial del interior de la mezquita de Córdoba

belleza. El exterior de la mezquita, con su aspecto de fortaleza, no revela la belleza de su interior: sus 19 arcos de herradura, correspondientes a las 19 naves de la mezquita, semejan un bosque de columnas y arcos pintados de rayas blancas y rojas donde la mirada se pierde.

La variedad de estilos presente en la mezquita también se ve reflejada en las calles de la ciudad, donde se encuentran iglesias góticas con torres mudéjares, casas con fachadas platerescas, palacios renacentistas y la única sinagoga que sobrevivió en Andalucía.

Córdoba ha producido una cosecha de figuras famosas entre las cuales se cuentan: Séneca, el filósofo; Lucano, el poeta; Maimónides, el gran filósofo judío; Averroes, el gran filósofo y médico musulmán; el poeta Luis de Góngora; el Duque de Rivas, poeta y dramaturgo; y el pintor Julio Romero de Torres.

Vocabulary

califa, *m*	Caliph
reconquistada	recaptured
ingeniaron *(ingeniar)*	contrived
oración, *f*	prayer
bases, *f*	foundations
reinado, *m*	reign
ojivales	ogival
platerescas	plateresque
herrerianas	herrerian
se conjugan *(conjugarse)*	blend together
fortaleza, *f*	fortress
arco de herradura, *m*	horseshoe arch
nave, *f*	nave
semejan *(semejar)*	resemble
bosque, *m*	woods, forest
cosecha, *f*	crop

Exercise 3.3

State whether each of the following statements is true (**verdadero**) or false (**falso**):

1 Córdoba fue construida en el siglo II.
2 Córdoba fue el centro principal del gobierno musulmán en España.
3 Los musulmanes impusieron su cultura por toda España.
4 La construcción de la mezquita de Córdoba duró más de dos siglos.
5 Los Reyes Católicos conservaron la mezquita intacta.
6 La capilla central muestra una variedad de estilos arquitectónicos.
7 Carlos V no vio terminada la capilla central.
8 El arte mudéjar se nota en las torres.
9 Hay sólo una sinagoga en Córdoba.
10 El plateresco se refiere a ornamentos de plata.

Granada, ciudad poética

Granada se encuentra enclavada en medio de una región de gran belleza natural, clima seco y benigno y cielos despejados. Hacia el sudeste se levanta la Sierra Nevada, con sus nieves perpetuas, y hacia el sudoeste la vista se deleita con la maravillosa vega granadina y una franja continua de vegetación tropical. Granada es una mezcla exquisita, mitad árabe, mitad cristiana, que a lo largo de su historia ha sabido conservar sus características únicas y su rica herencia mixta.

La ciudad ganó prominencia con la difusión del Cristianismo, cuando se convirtió en obispado. En el siglo VIII fue anexada al Califato de Córdoba y en el siglo XI declaró su independencia y se convirtió en reino de Taifa, siendo poco después ocupada por los Almorávides y Almohades que llegaron del norte de Africa.

Recuperó su independencia en 1238 bajo Alhamar, primer rey de la dinastía Nazarita, quien la convirtió en el centro de su reino, el último de la dominación musulmana de España. Alhamar y sus descendientes lograron resistir por dos siglos el sitio de las fuerzas cristianas hasta 1492 cuando Boadbil abdicó y se rindió a los Reyes Católicos. A pesar del prolongado sitio, Granada creció y prosperó durante este tiempo, desarrolló su comercio con otras áreas del Mediterráneo y se convirtió en un refugio donde florecieron las artes, las letras y las ciencias.

© Microsoft Corporation, 1994
Vista panorámica de la Alhambra y el Generalife - Granada

Los Reyes Católicos establecieron en Granada un centro administrativo y un cuartel militar, y empezaron el proceso de asimilación de la población, que duró mucho tiempo. También por orden real se iniciaron obras monumentales que continuaron bajo el reinado de Carlos V y entre las que se destacan un palacio y la iglesia de Santa María.

Granada es una ciudad de encantos dominada por la Alhambra, construida sobre una colina roja (Al-Hamra), de donde toma su nombre. La Alhambra es la expresión genuina de la cultura Nazarí transplantada a Granada. En su ventajosa posición, con la vista abierta a los cuatro puntos cardinales, radica la esencia de esta arquitectura monumental, clasificada como una de las maravillas del mundo. El conjunto está formado por edificaciones militares, administrativas, palatinas y religiosas totalmente rodeadas de murallas y torres.

Otra joya de Granada es el Generalife ('el jardín del arquitecto'), que fue la residencia de recreo y descanso de los reyes nazaritas, desde donde se divisa el panorama de la ciudad, con la Alhambra en primer plano. Con su estructura en terrazas, sus estanques, fuentes y surtidores, el Generalife es una magnífica muestra del jardín hispano-árabe. No es de extrañar que, junto con la Alhambra, el Generalife haya sido designado Patrimonio de la Humanidad.

Vocabulary

enclavada	set, located
despejado	clear, cloudless
se levanta *(levantarse)*	rises
vista, *f*	eyes, sight
se deleita con *(deleitarse)*	enjoys, delights in
vega, *f*	fertile plain, meadows
franja, *f*	strip (of land)
herencia, *f*	inheritance
obispado, *m*	bishopric
sitio, *m*	siege
se rindió *(rendirse)*	surrendered
cuartel, *m*	barracks
encanto, *m*	charm, enchantment
colina, *f*	hill
ventajosa	advantageous
punto cardinal, *m*	cardinal point
conjunto, *m*	set, complex

palatina	palatial, palatine
terraza, *f*	terrace
estanque, *m*	pond
fuente, *f*	fountain
surtidor, *m*	water jet

Exercise 3.4

Answer the following questions fully in Spanish:

1 ¿Cómo es el clima de Granada?
2 ¿En qué dirección se ven nieves perpetuas?
3 ¿Por qué se dice que Granada es una herencia mixta?
4 ¿Cuánto tiempo duró el sitio de Granada?
5 ¿En qué época fue Granada un reino de taifa?
6 ¿Qué significa Alhambra?
7 ¿Qué uso tuvieron las edificaciones que forman la Alhambra?
8 ¿Cuál es el mejor ejemplo del jardín hispano-árabe?
9 ¿Cuál fue el propósito del Generalife?
10 ¿Quién fue el último rey musulmán en España?

El flamenco

La música, el baile y el canto que caracterizan al flamenco son de origen antiguo. Ya en tiempos de Adriano, las bailarinas gaditanas tenían mucha fama en Roma. Pero los primeros intentos del flamenco como hoy se conoce datan del siglo XVIII, cuando en 1783 Carlos III decide liberar a los gitanos de las persecuciones de que habían sido objeto desde su llegada a España tres siglos antes.

Pero el flamenco se había desarrollado lentamente por muchos años al margen de la sociedad, en los núcleos familiares que habitaban el territorio que queda entre Cádiz y Sevilla. Para ese entonces el flamenco había absorbido diversas influencias: bizantina, árabe, judía y propiamente andaluza.

Los 'tablaos' mismos aparecieron en Sevilla en 1842 y con el tiempo se difundieron por el resto de Andalucía, Madrid,

50

Barcelona, Bilbao y después por el resto de Europa y el mundo entero.

El flamenco tiene muchas formas como las primitivas 'tonás', 'seguiriyas' y 'soleares'. Las suaves 'bulerías' y 'alegrías' contrastan con la seriedad de los 'fandangos' y el 'cante jondo'.

© Microsoft Corporation, 1994

Otros cantes no propiamente gitanos como las 'malagueñas', 'sevillanas' y 'rumbas' usan elementos del flamenco. También son populares las 'saetas', alusivas a la pasión de Cristo o a los dolores de la Virgen.

El texto y melodía del cante, así como el baile, pueden ser improvisaciones dentro de ritmos característicos y acordes tradicionales. El baile se caracteriza por el 'zapateado' o 'taconeo', que incluye una serie de pasos intrincados en los que el 'bailaor' marca el ritmo con las puntas y el tacón de los zapatos. El baile de las mujeres se basa en delicados y elegantes movimientos del cuerpo y de las manos. El zapateo y el cante normalmente se acompañan de rítmicos aplausos y gritos. Desde el siglo XIX la guitarra ha proporcionado el acompañamiento que hoy caracteriza al flamenco.

Vocabulary

gaditanas	from Cadiz
gitano, *m*	gypsy
de que habían sido objeto	which they had been subjected to
lentamente	slowly
para ese entonces	by then

tablao, *m*	place where flamenco is performed
alusiva	allusive, referring to
zapateado, *m*	tap dance
taconeo, *m*	tap dance
intrincado	intricate
bailaor, *m*	flamenco dancer
tacón, *m*	heel (of shoe)

Exercise 3.5

*State whether each of the following statements is true (**verdadero**) or false (**falso**):*

1 El flamenco se originó en Roma.
2 A su llegada a España, los gitanos fueron bienvenidos.
3 El flamenco moderno data del siglo XVIII.
4 La cuna del flamenco está en Andalucía.
5 El flamenco es una mezcla de varias influencias.
6 Un 'tablao' es un lugar donde se baila y canta flamenco.
7 La 'malagueña' y la 'rumba' son variedades de flamenco.
8 El flamenco es siempre una improvisación.
9 El baile de los hombres no es tan rítmico como el de las mujeres.
10 La guitarra siempre ha sido el instrumento con que se acompaña el flamenco.

Explanatory notes

Uses of the subjunctive

1 With expressions of emotion or subjective evaluation

The subjunctive mood is used with expressions of emotion (anger, fear, joy, hope, pity, shame, sorrow, surprise, etc.), or evaluation (when the speaker expresses a personal opinion about a situation).

Consider, for example, the statement:

La Alhambra es bellísima.

This can be rendered in indirect speech:

Dicen que la Alhambra es bellísima.
They say that the Alhambra is most beautiful.

Or expressed as an opinion:

Creo que la Alhambra es bellísima.
I think the Alhambra is most beautiful.

Or even stressed as a certainty:

Es verdad/cierto que la Alhambra es bellísima.
It's true/certain that the Alhambra is most beautiful.

But the moment the speaker expresses a higher degree of uncertainty, or expresses an emotional response or an evaluation, the subjunctive is required. E.g.:

No me sorprende que la Alhambra sea tan bella.
I am not surprised that the Alhambra is so beautiful.

Sería raro que la Alhambra no fuera bellísima.
It'd be strange if the Alhambra were not beautiful.

Study these examples:

Siento que tengas que irte.
I'm sorry you have to go.

Me gustó que tuvieras tanto éxito.
I was pleased you were so successful.

Temen que el ladrón vuelva.
They're afraid the thief may return.

Me irritó que no hubiera venido.
I was annoyed he hadn't come.

Me sorprende que quieran verme.
I'm surprised they want to see me.

and

Es mejor que vuelvas a casa solo.
It's best you return home alone.

Fue buena idea que tú escribieras la carta.
It was a good idea that you wrote the letter.

¿Importa que ella esté allí?
Is it important that she is there?

Era justo que él ganase.
It was fair that he won.

Es hora de que salga el tren.
It's time the train left.

Fue inútil que pidiésemos hablar con el gerente.
It was useless to request to speak to the manager.

Basta que vengan dos testigos.
It's enough that two witnesses come.

Fue raro que lo hiciese así.
It was strange he did it that way.

Es vergonzoso que bebas tanto.
It's shameful you drink so much.

¿Te parece aceptable que me quede?
Do you think it is acceptable that I stay?

N.B. Notice the use of the infinitive in the following sentences:

Lamento decirte esto.
I'm sorry to tell you this.

Estamos contentos de verte.
We're glad to see you.

Tiene miedo de ir sola.
She's afraid to go alone.

2 With expressions of probability or possibility

The following expressions are always followed by the subjunctive:

Es probable que el nombre se refiera a los azulejos.
It's probable that the name refers to the tiles.

Es improbable que ganes el premio.
You're unlikely to win the prize.

Es posible que sea verdad.
It may be the truth.

54

>
> **Puede que ella nos invite.**
> She <u>may</u> invite us.
>
> **Existe la posibilidad de que <u>sea</u> así.**
> There's a chance it <u>may be</u> so.

But the various words which mean 'perhaps', the use of the subjunctive depends on the degree of improbability implied. Compare:

> **Quizá(s) <u>viene</u> tarde.**
> Maybe <u>he'll come</u> late.
>
> **Quizá(s) <u>venga</u> tarde.**
> Perhpas (though very unlikely) <u>he'll come</u> late.

With the indicative a greater degree of likelihood is implied than with the subjunctive. Compare:

> **Acaso <u>sea</u> mejor así.**
> Maybe <u>it's</u> better this way.
>
> **Acaso <u>es</u> mejor así.**
> <u>It's</u> probably better his way
>
> **Tal vez lo <u>encuentras</u> en casa.**
> Perhaps you'll <u>find</u> it at home.
>
> **Tal vez lo <u>encuentres</u> en casa.**
> Perhaps you <u>may find</u> it at home.
>
> **A lo mejor ya <u>está</u> desocupado.**
> He <u>may</u> now <u>be</u> free.
>
> **A lo mejor ya <u>está</u> desocupado.**
> He <u>might</u> now <u>be</u> free.

Exercise 3.6

Put the infinitive in brackets into the correct verb form:

1 Es ridículo que nosotros (quedarse) solos.
2 Está triste de que su padre no (haber) querido asistir a su boda.
3 Daba vergüenza que ella (comportarse) así.

4 Me alegro de que Juan nos (haber) pedido ayuda.

5 Parece raro que ellos (tardar) tanto en volver.

6 Estaban sorprendidos de que nosotros (haber) llegado tan tarde.

7 ¿Te parece justo que Pedro (haber) heredado todo?

8 Se extrañaron de que nosotros (reírse) tanto.

9 ¿Te duele que Alberto no te (escribir)?

10 Es absurdo que tus padres no te (permitir) salir de noche.

Exercise 3.7

Unscramble the following sentences:

1 temprano hijo posible que mi es salga.

2 contenta prestara el que de Juana libro estaba Miguel le.

3 una que enfermos estén lástima es todos.

4 ¿que parece te sirva bien yo mediador de?

5 entendido parece que hayas imposible me no.

6 reconozca raro que no es te.

7 mal molesta hables padres me sus que de.

8 se nuevo que increíble encontraran de fue.

9 fuera pronto se mucho que tan sentimos.

10 tanto quisiera natural lo era que.

Listening Exercise

La huella árabe en España

La invasión musulmana de la Península Ibérica en 711 y los ocho siglos de ocupación que siguieron, dejaron marcas indelebles en España y Europa. La convivencia entre las dos culturas hizo posible que cristianos vivieran entre árabes (mozárabes) y árabes entre cristianos (mudéjares) en tolerancia religiosa. Esto produjo una cultura floreciente cuyo rasgo más característico fue la adopción de la filosofía clásica.

Después del establecimiento del Califato de Córdoba los califas fomentaron el desarrollo de una vida cultural intensa en la que se conjugaron las tradiciones clásica, cristiana, musulmana y judía.

Esto atrajo a los filósofos, poetas, médicos, astrónomos, historiadores y matemáticos más famosos de la época a las bibliotecas, universidades, sinagogas y mezquitas, donde se llevaban a cabo debates de gran valor intelectual y cultural. Famosa entre todas las instituciones fue la Escuela de Traductores de Toledo, patrocinada por Alfonso X, responsable de la preservación y difusión de las mejores ideas y obras de las civilizaciones griega, judía y árabe, las cuales enriquecieron la cultura europea.

Un efecto más palpable de la influencia musulmana en España se nota en la arquitectura, que dejó obras tan importantes como la mezquita de Córdoba, la Alhambra y el Generalife de Granada, la Giralda y el Alcázar de Sevilla y los magníficos palacios-jardines, manifestaciones todas de una cultura creadora y de altas dotes estéticas.

La lengua árabe, aunque no se impuso en la Península a pesar de la larga ocupación, legó unos centenares de palabras al español, reemplazando vocablos latinos y castellanos. Muchos de estos vocablos, como *alcohol, álcali, elíxir, álgebra, jazmín, tarifa, emir* y *arsenal* han pasado a otras lenguas casi intactas; otras como *algodón, azafrán, azúcar, alcachofa, arroz, azufre, alumbre* se han adaptado a otras lenguas. Además de innumerables topónimos como *Guadarrama* (río arenoso), *Guadalajara* (río pedregoso), *Albacete* (la llanura), *Alcalá* (el castillo), *Alcántara* (el puente) y *Algeciras* (las islas), el español heredó palabras de uso diario como *jarra, taza, zanahoria, ojalá, azucena, almohada, alcantarilla, aldea, alcoba, alfarero, almíbar, alfiler, almacén, ataúd, jinete* ...

Vocabulary

huella, *f*	trace, imprint
indeleble	indelible
convivencia, *f*	co-existence
floreciente	flourishing
rasgo, *m*	feature
fomentaron *(fomentar)*	encouraged
traductor, *m*	translator
patrocinada	sponsored
enriquecieron *(enriquecer)*	enriched
algodón, *m*	cotton
azafrán, *m*	saffron
azúcar, *m (Spain), f (LAmerica)*	sugar

alcachofa, *f*	artichoke
arroz, *m*	rice
azufre, *m*	sulphur
alumbre, *m*	alum
jarra, *f*	jug
taza, *f*	cup
zanahoria, *f*	carrot
ojalá	God willing
azucena, *f*	water lily
almohada, *f*	pillow
aldea, *f*	village
alcantarilla, *f*	sewer
alcoba, *f*	bedroom
alfarero, *m*	potter
almíbar, *m*	syrup
alfiler, *m*	pin
almacén, *m*	store, shop
ataúd, *m*	coffin
jinete, *m*	horse rider

Exercise 3.8

Answer the following questions in Spanish:

1 What is a mozarab?
2 Which was the most prominent feature of the hispano-arabic culture?
3 Which cultures blended together under the Caliphs?
4 Who sponsored the Toledo School of Translators?
5 What was the school's main contribution to Spanish culture?
6 What do the Alhambra, the mosque of Cordoba and other monuments give evidence of?
7 What is the contribution of the Arabic language to Spanish culture?
8 What is one of the commonest Arabic roots in Spanish place-names?
9 What does it mean?
10 How do you think **alcántara** and **alcantarilla** are related?

Chapter 4   El País Vasco

In this chapter you are going to practise the infinitive in various contexts and the use of some prepositions.

Reading

El País Vasco es una región aislada por su accidentada geografía. Sus habitantes lograron conservar a lo largo de los siglos la pureza de su raza, de sus costumbres y de su idioma. Caracterizan a esta región, además de los Montes Vascos,

¿Sabía Ud. que ...?

- Un estudio norteamericano que niega la existencia de las razas tradicionales otorga a los Vascos el privilegio de ser descendientes directos del hombre de Cro-Magnon, de la época paleolítica.

- El idioma vasco, el *Euskera* es de origen desconocido. Algunos creen que es descendiente del ibero, otros, que proviene de las lenguas caucásicas. Lo único que se sabe a ciencia cierta es que es más antiguo que las lenguas indoeuropeas.

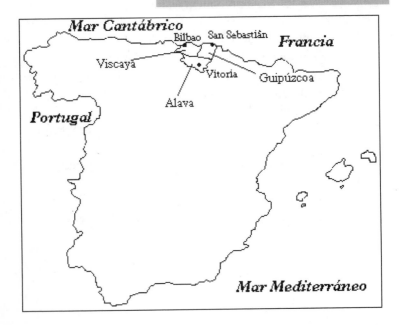

las costas abruptas, los cortos pero caudalosos ríos, las profundas entradas del mar en las desembocaduras fluviales, el clima oceánico y la abundancia de las lluvias.

Alava, con sus llanuras, se distingue por su riqueza agrícola; mientras Vizcaya y Guipúzcoa se destacan por su industrialización derivada en gran parte de las minas de hierro que dan empuje a la construcción naval y a las industrias ferroviaria, de máquinas pesadas, de productos químicos y alimenticios y de electrodomésticos.

Vocabulary

otorga *(otorgar)*	confers
a ciencia cierta	with certainty
entrada, *f*	inlet
desembocadura, *f*	estuary
fluviales	pertaining to rivers
se destacan *(destacarse)*	stand out
en gran parte	to a large extent
hierro, *m*	iron
dan empuje a	drive
industria ferroviaria, *f*	railway industry
alimenticios	food (products)

Los Vascos de Cro-Magnon

Según un estudio estadounidense, no sólo no existe base científica ninguna para clasificar a los seres humanos en razas diferentes sino que ese 'ejercicio fútil, por razones que ya tenía claras Darwin', no ha hecho más que demostrar que la diversidad genética, bioquímica y sanguínea entre individuos de una misma raza es aún mayor que la que existe entre razas aparentemente distintas.

Sin embargo, y partiendo de que el concepto de raza no es más que un estereotipo cultural, resulta que los vascos poseen unas características especiales en diversos genes (así como de tipo de sangre y de morfología de la mandíbula) que no sólo les identifica como diferentes del resto de los europeos, sino que incluso los hacen únicos en el mundo entero.

Tales conclusiones no proceden de las especulaciones de ningún político o filósofo: están fundamentadas en el más titánico esfuerzo científico por trazar el árbol genealógico de la humanidad: medio siglo de investigaciones sobre genética de las poblaciones de todo el planeta sintetizadas en un estudio de 16 años de un equipo de la Universidad de Standford, dirigido por los profesores Luca Cavalli-Sforza, Paolo Menozzi y Alberto Piazza, que ha trazado el primer *Atlas Genético de la Tierra.*

Cavalli-Sforza descubre que en Europa hay cuatro poblaciones que están totalmente alejadas, en el mapa genético, de las del resto del continente: lapones, sardos, vascos e islandeses. De estos son los vascos los que 'probablemente descienden directamente de los hombres de Cro-Magnon del Paleolítico Superior, los primeros humanos modernos de Europa', mientras que los otros tres proceden de ramas posteriores, ya en el Neolítico.

Parece probado que las razas no existen, pero hay también pruebas coincidentes de que los vascos 'son una reliquia de la población del Paleolítico Superior. El flujo genético de los pueblos que llegaron más tarde a la zona, empezando en el Neolítico, no canceló completamente la identidad vasca'.

Vocabulary

fútil	trivial, pointless
diversidad sanguínea, *f*	blood-type diversity
resulta *(resultar)* **que**	it emerges that
tipo de sangre, *m*	blood type
morfología, *f*	morphology, structure
mandíbula, *f*	jaw
no sólo	not only
político, *m*	politician
esfuerzo científico, *m*	scientific effort
trazar	to outline
alejadas	isolated
lapón, *m*	Laplander
sardo, *m*	Sardinian
islandés, *m*	Icelander
reliquia, *f*	vestige
flujo, *m*	flow

Exercise 4.1

Complete the following statements with the appropriate word:

Euskera, Euskadi, industrial, genéticamente, árbol, estereotipo, origen, Paleolítico, Neolítico, conservaron.

1 Los habitantes del País Vasco ___ su raza, costumbres e idioma por estar aislados.
2 El nombre vasco de Alava, Vizcaya y Guipúzcoa es ___.
3 El País Vasco es una región más que todo ___.
4 Los vascos son ___ singulares en todo el mundo por su tipo de sangre y su mandíbula.
5 El idioma vasco o vascuence también se conoce como ___ , su nombre vasco.
6 El proyecto de la universidad de Standford tiene como fin trazar el ___ genealógico humano.
7 Se cree que los vascos son los únicos europeos que descienden del ___.
8 El ___ del Euskera es desconocido.
9 Los lapones, sardos e islandeses proceden del ___.
10 La idea de raza es un ___ cultural.

Guernica y Picasso

Aunque Pablo Picasso nació en Málaga y se desarrolló como artista en Barcelona y más tarde en París, su nombre se encuentra estrechamente ligado a la historia del país Vasco. Se le llamó 'el inmortal Picasso'. Inmortal porque con su pintura Picasso se ganó el derecho a ser recordado por mucho tiempo.

UPI/BETTMANN
© Microsoft Corporation, Inc., 1994

Poseedor de una vitalidad extraordinaria, Picasso trabajó con entusiasmo hasta los últimos días de su vida. Y como si se hubiera tomado a pecho lo de 'inmortal', el gran artista vivió nada menos que 92 años. Picasso es indudablemente el pintor español más conocido en el mundo entero en nuestro siglo.

Su padre era pintor y desde pequeño Picasso empezó a seguirle los pasos, manifestando un talento excepcional para la pintura. A los 14 años se fue a vivir a Barcelona con su familia. y allí encontró el ambiente ideal para desarrollar su talento. Ingresó a la escuela de Bellas Artes de Barcelona y a los 23 años de edad, en 1904, Picasso se fue a París. Allí conoció a todos los pintores famosos de la época y aunque la vida al principio le fue muy ardua su talento le llevó poco a poco por la ruta del éxito, hasta plasmar su cuadro más famoso, su obra maestra, el *Guernica*.

© Microsoft Corporation, Inc., 1994

Pintado en 1937, el Guernica fue el testimonio que dejó su autor al horror indescriptible de la guerra. Tal guerra fue la Guerra Civil Española y el escenario, Guernica, un pueblo del País Vasco que fue reducido a escombros por el bombardeo llevado a cabo por la fuerza aérea alemana. Picasso dejó el cuadro en el Museo de Arte Moderno de Nueva York, con la condición de que la obra fuese devuelta al estado español cuando existiera un gobierno democrático en España. Tras las elecciones generales españolas a principios de 1979 se iniciaron gestiones para cumplir su deseo y hoy día el lienzo se encuentra en el hogar que le corresponde, el Museo del Prado en Madrid.

Vocabulary

estrechamente ligado	closely linked
se ganó *(ganarse)*	earned
como si se hubiera tomado a pecho	as if he had taken it seriously
nada menos que	not less than
seguirle *(seguir)* **los pasos**	to follow in his footsteps
ingresó *(ingresar)*	to enrol
la vida le fue muy ardua, *f*	life was very hard for him
plasmar su obra maestra	to create his master piece
reducido *(reducir)* **a escombros**	razed to the ground
bombardeo, *m*	bombing
devuelta *(devolver)*	returned
se iniciaron *(iniciar)* **gestiones**	negotiations started
lienzo, *m*	canvass

Exercise 4.2

*State whether each of the following statements is true (**verdadero**) or false (**falso**):*

1 La ciudad natal de Picasso es Barcelona.

2 Picasso ha sido llamado 'inmortal' porque vivió hasta los 92 años.

3 Picasso adquirió su fama en Barcelona.

4 En el *Guernica* Picasso expresa su horror por la guerra.

5 El padre de Picasso fue también un pintor famoso.

6 Picasso se asocia con el País Vasco porque fue allí donde pintó su obra maestra.

7 Picasso se fue a París a buscar la fama.

8 Picasso fue inspirado a pintar *Guernica* por la Guerra Civil Española.

9 El *Guernica* permaneció hasta 1979 en Nueva York.

10 El cuadro le pertenece a los herederos de Picasso.

Dos vascos famosos: 1 Miguel Indurain

Miguel Indurain es un joven normal: 30 años, 78 kilos, 188 centímetros de estatura, pelo oscuro y ojos castaños. Pero ese cuerpo encierra un fenómeno de la naturaleza: un corazón de casi siete centímetros de diámetro que late a 40 pulsaciones y es capaz de bombear 50 litros de sangre por minuto; unos pulmones capaces de alojar siete litros y medio de aire y unos músculos con un consumo máximo de oxígeno muy superior a lo normal. Sus piernas pueden generar 500 vatios de potencia.

Los parámetros físicos de Miguel Indurain son muy bien conocidos y los niños se retan los unos a los otros a recitar los títulos consecutivos que ha coleccionado este ciclista navarro.

© Cambio 16, 1995

Este campeón es el fruto de una constitución física especial y miles de kilómetros de ciclismo (30.000 en un año). Y es en la carretera donde Indurain pasa los momentos más importantes especialmente en los meses que preceden al Tour de Francia. Tiene claro su objetivo: el próximo Tour, el próximo título. Lo demás es secundario.

Vocabulary

estatura, *f*	height
pelo oscuro, *m*	dark hair
castaños	brown
encierra *(encerrar)*	holds
fenómeno de la naturaleza, *m*	a unique human being
late *(latir)*	beats
pulsación, *f*	beat
es capaz	is capable
bombear	to pump
alojar	to hold
vatio, *m*	watt
se retan *(retar)* **los unos a los otros**	challenge each other
máquina, *f*	the machine (the body)
constitución física, *f*	physique
preceden *(preceder)*	precede
lo demás	everything else

Exercise 4.3

Rewrite these sentences, replacing the words underlined with an appropriate expression from the list provided and changing the form of other words, if necessary.

constitución física, latido, producir, usan, producto, las otras cosas, meta, deportista, vasco, contener

1 Miguel Indurain es un ciclista <u>navarro</u>.
2 Cada <u>pulsación</u> puede impulsar más de un litro de sangre.
3 Sus pulmones son capaces de <u>alojar</u> siete litros y medio de aire.
4 <u>Lo demás</u> no es importante.
5 Sus piernas pueden <u>generar</u> 500 watios de potencia.
6 Su <u>objetivo</u> es claro.
7 Indurain es el <u>fruto</u> de un físico perfecto y mucho entrenamiento.
8 Sus músculos <u>consumen</u> más oxígeno de lo normal.
9 Indurain es un <u>ciclista</u> único.
10 Para ser un campeón, es necesario tener un <u>físico</u> perfecto.

Dos vascos famosos: 2 Ignacio de Loyola

Iñigo López de Oñaz y Loyola, conocido más comúnmente como Ignacio de Loyola, nació en 1491 en el castillo de su familia, en Azpeitia (Guipúzcoa). A caballo entre la Edad Media y El Renacimiento, su vida asombrosa es en realidad dos vidas. La primera, que dura hasta los 33 años, parece arrancada de una novela de caballería como las que sorbieron el seso a Don Quijote, llena de ruido y aventuras, con princesas encantadas y batallas y cavernas en el bosque donde ocurren milagros. Le gustaban el juego, las mujeres, las riñas y las armas. Hasta estuvo enamorado de la Infanta Catalina de Aragón. Como cuenta él

mismo en su autobiografía: 'se entregó a las vanidades del mundo, con un grande y vano deseo de ganar fama y honores.'

Su conversión fue de corte estrictamente medieval y caballeresco. Se fue en mula a Montserrat a confesar sus pecados, colgó sus armas de caballero ante el altar de la Virgen, y se fue a una cueva en Manresa en donde pasó un año entero de mortificaciones, de

© Cambio 16, 1995

visiones y de éxtasis. Después de estudiar en Barcelona, Alcalá, Salamanca, París, Boloña, y Venecia, fue ordenado sacerdote en 1538. Con seis amigos fundó la Compañía de Jesús, o los Jesuitas, de los cuales le eligieron general. A la muerte de Iñigo en 1546 habían más de mil jesuitas, repartidos por el mundo entero, a cargo de 150 fundaciones, casas, universidades y colegios. Fue beatificado en 1609 y canonizado en 1662. Hoy, cuatro siglos y medio después de su muerte, la Compañía de Jesús sigue siendo lo que su fundador quiso que fuera: la principal fuerza de choque, y de élite de la Iglesia Católica.

67

Vocabulary

a caballo entre	straddled across
Edad Media, *f*	the Middle Ages
Renacimiento, *m*	the Renaissance
asombroso	amazing
arrancado de	torn from (the pages of)
novela de caballería, *f*	a chivalresque novel
sorber el seso a	to turn the mind of
encantado	enchanted
milagro, *m*	miracle
juego, *m*	gambling
riña, *f*	fight
enamorado de	in love with
entregarse a	to devote oneself to
caballeresco	chivalresque
confesar sus pecados	to confess one's sins
colgar	to hang
ser ordenado sacerdote	to be ordained priest
repartido	scattered
beatificado	beatified
canonizado	canonised
fuerza de choque, *f*	spearhead

Exercise 4.4

*State whether each of the following statements is true (**verdadero**) or false (**falso**):*

1 Ignacio de Loyola nació en el siglo XV.
2 Era de familia muy pobre y humilde.
3 Ignacio de Loyola vivió dos vidas paralelas.
4 Hasta los 33 años se dedicó a la vida fácil.
5 En su primera vida siguió la pauta de Don Quijote.
6 Su conversión ocurrió durante una de sus aventuras.
7 Después de su conversión pasó un año de sacrificios y ascetismo.
8 Fue ordenado a los 57 años.
9 Al fundar la Compañía de Jesús fue elegido presidente.
10 Desde 1662 se le conoce como San Ignacio de Loyola.

Explanatory notes

Uses of the infinitive

1 After 'ser' + adjective

Es absurdo establecer comparaciones.
It's silly to draw comparisons.

Sería fácil rendirse.
It would be easy to give up.

2 After verbs of perception (seeing, hearing, feeling)

Volveremos a verte triunfar.
We shall see you win again.

No he sentido mis fuerzas flaquear.
I haven't felt my strength weaken.

La vi cruzar la calle.
I saw her cross the street.

Las oí reírse.
I heard them laugh.

Notice that if the identity of the person performing the action is not revealed or unimportant, a 'passive' English translation might be appropriate, e.g.:

Oímos transmitir las noticias.
We heard the news broadcast.

3 After verbs of wishing

The most common use of the infinitive is following verbs like **querer, esperar, desear**, and the like, when the subject of the main verb and the infinitive is the same, e.g.:

Quiero salir.
I want to leave.

Esperas viajar.
You hope to travel.

No deseo visitar ningún monumento.
I don't wish to visit any monuments.

Other verbs which follow this pattern are:

anhelar	to long to
conseguir	to manage to
deber	to have to, must
decidir	to decide to
evitar	to avoid
intentar	to try to
lograr	to manage to
merecer	to deserve to
necesitar	to need to
pedir	to ask leave to
pensar	to intend to
preferir	to prefer to
procurar	to try to
prometer	to promise to
querer	to want to
saber	to know how to
sentir	to regret to
soler	to be used to
temer	to fear to
gustar	to like
alegrar	to please
parecer	to think (to seem)
convenir	to be convenient (to be best)

The last four verbs, **gustar, alegrar, parecer** and **convenir** are used in impersonal form:

Me gusta cantar mucho.
I like singing a lot.

Me alegra verte.
I am pleased to see you.

Me parece haberla visto.
I think I've seen her.

Nos conviene esperar.
It's best we wait.

Some of these verbs imply an indirect command, e.g.:

Nos aconsejan gastar poco dinero.
They advise us to spend a little money.

Los hicieron cantar
They made them sing.

No le permitieron decir nada.
They did not allow her to say anything.

Me impidieron usar el teléfono.
They stopped me from using the telephone.

Se prohibe fumar.
Smoking is not allowed.

4 After prepositions

In Spanish, the infinitive is the only verb form allowed after a preposition. This is illustrated in 4a -4e below, with five common prepositions.

4a Verbs that take 'a'

After verbs which imply an indirect command:

Nos animan a practicar todo el tiempo.
They urge us to practice all the time.

Los forzaron a trabajar al aire libre.
They forced them to work outdoors.

El profesor los persuadió a esforzarse más.
The teacher persuaded them to try harder.

Nos invitaste a cenar.
You invited us to dinner.

El nos obligó a confesar.
He made us confess.

After verbs of motion, purpose is often expressed by **a**:

Entré a saludarlo.
I went in to greet him.

Subió a bañarse.
He went up to have a bath.

Se sentaron a comer.
They sat down to eat.

Volveré a verte pronto.
I'll return to see you soon.

N.B. Volver a + infinitive also means to do something again.

> **Volvió a salir.**
> He went out again.

Most verbs indicating beginning also take **a** + infinitive:

comenzar a	to begin to
echarse a	to set off*
empezar a	to begin to
ponerse a	to set about
romper a	to start to

* especially with **reír** and **llorar**.

Other verbs which take **a** + infinitive include:

acostumbrarse a	to get used to
alcanzar a	to manage to
aprender a	to learn to
atreverse a	to dare to
ayudar a	to help to
decidirse a	to decide to
disponerse a	to prepare to
enseñar a	to teach to
negarse a	to refuse to
oponerse a	to object to
resignarse a	to resign to
resolverse a	to be determined to
inducir a	to induce to

4b Verbs that take 'de'

The following verbs, which imply a separation from or ceasing of an action, take **de**:

> **Dejó de llover.**
> It stopped raining.

> **Me cansé de escribir.**
> I got tired of writing.

Other verbs which follow this pattern are:

acabar de	to finish
cesar de	to cease
hartarse de	to tire of
parar de	to stop
terminar de	to finish

Other verbs which take **de** + infinitive include:

acordarse de	to remember
alegrarse de	to be glad to
arrepentirse de	to regret
acusar de	to accuse of
avergonzarse de	to be ashamed of
jactarse de	to boast of
tratar de	to try to

N.B. **Acabar de** + infinitive in the present or past tenses means 'to have just done something':

Acaban de llegar.
They have just arrived.

Acabaron de llegar.
They have just arrived.

In the imperfect tense it means 'had just done something':

Acabábamo de salir.
We had just left.

In the other tenses **acabar** reverts back to the original meaning of 'to finish'.

4c Verbs that take 'en'

Insistieron en hacerlo.
They insisted on doing it.

Tardó mucho en llegar.
He took a long time to come.

Quedamos en vernos pronto.
We agreed to meet soon.

Other such verbs include:

acordar (en)	to agree to
consentir en	to consent to
consistir en	to consist of
convenir en	to agree to
esforzarse en / por	to strive to
hacer bien en	to do well to
hacer mal en	to do wrong in
persistir en	to persist in
vacilar en	to hesitate to

4d Verbs that take 'por'

Empezaron por rezar.
They began by praying.

El tren aún está por salir.
The train still hasn't gone.

Por is used with verbs of striving, fighting, yearning to do something:

luchar por	to fight to
esforzarse por	to strive to
suspirar por	to yearn to
interesarse en / por	to be interested in

With verbs meaning beginning and finishing by doing something:

empezar por	to begin by
terminar por	to finish by

With the meaning of 'yet to' when used with **estar** and **quedar**:

El avión estaba por despegar.
The plane had not yet taken off.

La historia de este episodio está por escribirse.
The history of this episode has yet to be written.

Esta tierra queda por explorar.
This land is still unexplored.

N.B. estar por also means 'to be inclined to', 'to have a mind to'.

4e Verbs that take 'con'

Sueña con vivir en paz.
They dream of being at peace.

Me contenté con hablarle por teléfono.
I was happy to telephone her.

Me amenazó con demandarme.
He threatened to sue me.

Exercise 4.5

In the following sentences provide a suitable linking preposition between the verbs and infinitives:

1 No me atrevo __ hablar español.
2 Convenimos __ salir para San Salvador mañana.
3 Me acuerdo __ habértelo dado ayer.
4 Sueño __ ganarme la lotería.
5 No dejes __ escribirnos cada semana.
6 En la fiesta no tardó __ aparecer el vino.
7 Acabamos __ verlo cruzar la calle.
8 ¿Quién te enseñó __ tocar el piano?
9 ¿Por qué insiste tanto __ servirnos vino?
10 Mi amigo terminó __ comprar una bicicleta.

Exercise 4.6
Translate the following sentences into English:

1 El día que murió, sus hijas no dejaron de llorar.
2 Se echó a correr, al oír su nombre.
3 Cuando volvió a sonar el teléfono, me negué a contestar.
4 Estoy por salir para Madrid.
5 Me parecía haberlo visto varias veces antes.
6 Nunca para de contarnos todo lo que ha hecho.
7 Hiciste bien en no decir nada.
8 Me cansé de comer siempre lo mismo.
9 Fue ayer cuando empezó a sentirse enferma y a insistir en volver a casa.
10 No hubo manera de hacerla comprender que no debía ir.

Listening Exercise

La pelota vasca

El juego de pelota es muy antiguo; se cree que entre los mayas era una actividad recreativa muy especial. Es el deporte más veloz de todos los deportes de cancha, en el que la pelota, de casi el tamaño de una pelota de béisbol y de un peso aproximado de 180 gramos, puede alcanzar velocidades de hasta 300 km/h, un poco más del doble de la velocidad del saque de un profesional de tenis.

Los orígenes del juego moderno se remontan a la Edad Media, cuando se introdujeron raquetas en los juegos de pelota de mano, para poder acelerarlo y al mismo tiempo evitar el daño a las manos. A mediados del siglo XIX, los vascos introdujeron la *chistera* que es una cesta especial en forma de cuchara que el *pelotari* (jugador de pelota) lleva en el brazo con el propósito de impulsar la pelota a gran velocidad. Posiblemente se escogió la cesta por ser un implemento muy común entre la sociedad predominantemente agrícola de la época.

El juego se expandió rápidamente, primero por el resto de España y Francia, y después por América Latina. La pelota vasca llegó a Estados Unidos por Florida, donde vive un gran número de personas de ancestro español o latinoamericano. Allí el juego se

© Spanish Tourist Office

conoce como *jai alai*, que significa 'fiesta alegre', tal vez por las animadas celebraciones que acompañan los juegos de pelota.

La pelota vasca se juega en una cancha, llamada a veces frontón, cuyas dimensiones varían de región a región y de país en país. Un frontón típico tiene un muro frontal de 11 metros de ancho por 14 de altura. El lado izquierdo de la cancha es un muro de 60 a 80 metros de largo. El muro de atrás suele ser más pequeño. Los muros tienen marcas para indicar el límite de juego. El público se sienta al lado derecho. El juego de pelota normalmente se juega en dobles; cada jugador lanza la pelota contra el muro frontal y el oponente tiene que capturarla con la chistera y lanzarla de nuevo contra el muro. Sólo se permiten dos rebotes de la pelota.

Vocabulary

veloz	fast
cancha, *f*	court
un poco más del doble	more than twice
velocidad, *f*	speed
saque, *m*	serve
raqueta, *f*	racquet
pelota de mano, *f*	handball
evitar	avoid
daño, *m*	injury
cesta, *f*	basket
cuchara, *f*	spoon
brazo, *m*	arm
propósito, *m*	purpose
impulsar	to propel
implemento, *m*	tool
predominantemente	predominantly
agrícola	agricultural
ancestro, *m*	background, ancestry
varían *(variar)*	vary
muro, *m*	wall
izquierdo	left
de atrás	back, rear
suele *(soler)* ser	is usually
marca, *f*	marking, line
derecho	right
lanza *(lanzar)*	throws
rebote, *m*	bounce

Exercise 4.7

Answer the following questions in Spanish

1 ¿De cuándo data el juego de pelota vasca moderno?
2 ¿En qué países de Europa se juega pelota vasca?
3 ¿Cómo se llama a la pelota vasca en Estados Unidos?
4 ¿Qué es un frontón?
5 ¿Por qué se dice que la pelota vasca es el deporte de cancha más rápido?

Chapter 5   Galicia

In this chapter you are going to practise the use of conditional sentences, and positive and negative commands.

Reading

Por su contraste con el resto de España como sinónimo de playas soleadas, cielos despejados y veranos interminables, Galicia se presenta al visitante como una sorpresa. Su topografía, con sus colores siempre verdes, sus aldeas dispersas, sus valles y montañas y su densa red de ríos parece tener más afinidad con el Japón o Escocia que con el resto de España.

Galicia con Irlanda, Gales y Bretaña, formaba en la Edad de Bronce una civilización de orígenes étnicos comunes. A su llegada, los celtas fundaron los *castros*, fortificaciones en lo alto de los montes, que no pudieron evitar que más tarde Galicia cayera en manos de los romanos.

¿Sabía Ud. que ..?

- Los Celtas colonizaron Galicia hace unos tres mil años y su influencia en esta región es muy marcada. Esto se refleja en el hecho de que en Galicia se toca más la gaita que la guitarra.

- Los gallegos comparten con los escoceses e irlandeses el amor a la música, y con los bretones y galeses la inspiración por la poesía.

- El gallego no es un idioma celta. Es una lengua hermana del español que al oído extranjero parece una mezcla de portugués y español.

Galicia es la España atlántica por excelencia, la Iberia húmeda, de lluvias abundantes y nieblas constantes. Es la región de las *rías*, los estuarios de los ríos gallegos donde el mar penetra formando largos y profundos brazos en los cuales abundan ramificaciones, promontorios, playas, cavernas, vegetación en una sinfonía única de colores y formas, y que proporcionan excelentes condiciones para la pesca y el establecimiento de buenos puertos. Es la primera región pesquera española y una de las más grandes y activas de Europa; es también un centro ganadero y sus industrias conservera y de la construcción naval son todavía importantes para la economía local.

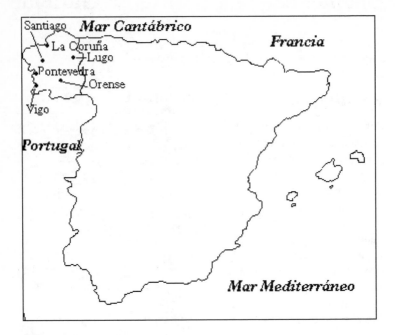

Galicia es una región de puertos tan importantes como Vigo y Ferrol, de ciudades tan modernas como La Coruña o de tanto sabor antiguo como Betanzos.

Galicia es la tierra de emigrantes, de hombres y mujeres que decidieron buscar su suerte en el Nuevo Mundo o en otras partes de España y Europa, y que han hecho famosa la *morriña* o añoranza del suelo natal; es la región de la soledad y la melancolía, de las pocas palabras y las frases ambiguas, pero también del humor, de los cuentos irónicos, de las interminables y ruidosas fiestas, de las pintorescas romerías, de las ferias. Es la región de las gaitas y de la música nostálgica y evocativa.

Galicia es en resumen una tierra de contrastes en el *finisterre* o fin del mundo civilizado de otros tiempos.

Vocabulary

soleadas	sun-bathed
despejados	cloudless
aldea, *f*	village
red, *f*	network

alto (lo)	the top (of mountains)
niebla, *f*	fog
ría, *f*	estuary
promontorio, *m*	promontory, hill
caverna, *f*	cave
pesca, *f*	fishing
pesquera	fishing (region)
industria conservera, *f*	the canning industry
añoranza, *f*	evocation, nostalgia
suelo natal, *m*	birth place
cuento, *m*	story
pintorescas	picturesque, colourful
romería, *f*	pilgrimage, journey
gaita, *f*	wind pipe

Santiago de Compostela

La capital gallega debe en parte su nombre al apóstol Santiago el
Mayor, quien - según la tradición - introdujo el Cristianismo en
España. Se cree que un ermitaño descubrió su tumba en la bahía
de Padrón en Galicia, alrededor del año 813. Otra tradición dice
que el cuerpo del apóstol fue traído a España en el siglo I. El
nombre Compostela parece derivarse o del latín 'compost terra'
(cementerio), o del español 'campo de la estrella', pues según la
leyenda, el ermitaño que encontró el sepulcro se dejó guiar por
una estrella.

El hallazgo de la tumba de Santiago parece haber sido decisivo en
la lucha contra los moros. Mientras los musulmanes tenían como
reliquia en Córdoba el brazo de Mahoma para animar a sus
guerreros en las batallas, los cristianos adoptaron al apóstol
Santiago como santo patrono de España. En el año 844 los moros

® Xunta de Galicia
Santiago de Compostela

fueron finalmente derrotados y la tumba de Santiago se convirtió en el lugar más visitado de toda España; de entonces datan las conocidas peregrinaciones a lo largo de la Ruta de Santiago.

Santiago de Compostela hoy día es una ciudad moderna y pujante, que ofrece, además del aspecto religioso, muchas atracciones al visitante. Su importancia en la formación de Europa le ha merecido en los últimos años distinciones internacionales como el haber sido declarada Patrimonio de la Humanidad y el reconocimiento del Camino de Santiago como primer itinerario cultural europeo.

Vocabulary

gallega	Galician
ermitaño, *m*	hermit
tumba, *f*	tomb
bahía, *f*	bay
sepulcro, *m*	tomb, sepulchre
se dejó guiar *(dejarse)*	allowed himself to be guided
hallazgo, *m*	finding
moro, *m*	moor
musulmán, *m*	Muslim
animar	to urge on
guerrero, *m*	warrior
derrotados *(derrotar)*	defeated
datan *(datar)*	date
peregrinación, *f*	pilgrimage

Exercise 5.1

*State whether each of the following statements is true (**verdadero**) or false (**falso**):*

1 Galicia es una región de costas muy soleadas.
2 La principal industria gallega es la pesca.
3 El idioma gallego es la mejor evidencia de la presencia de la cultura celta en Galicia.
4 El humor gallego es conocido en toda España.
5 El nombre de Santiago fue usado por las tropas cristianas para reforzar su moral en la batalla.
6 El éxito de la lucha contra los moros y el prestigio de Santiago sirvieron para atraer a muchos peregrinos a Santiago a partir del siglo X.
7 La construcción naval es una industria tradicional gallega.

8 La Coruña y Orense son dos puertos gallegos muy
   modernos.
9 Finisterre es una región de Galicia.
10 Es un hecho histórico que Santiago introdujo el
   Cristianismo en España.

El camino de Santiago

A partir del siglo IX ocurrieron supuestas apariciones del apóstol
Santiago, que a lo mejor eran ingeniadas con el fin de animar a
los cristianos en la lucha contra los moros. Pronto Santiago de
Compostela se convirtió en un centro de peregrinación que
competía en popularidad con Jerusalén y Roma. Los peregrinos
venían desde puntos muy lejanos de Europa y seguían la ruta que
los llevaba desde los Pirineos hasta Galicia.

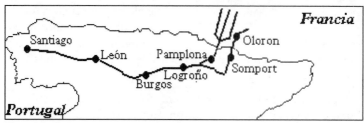

El camino de Santiago

El Camino de Santiago, también conocido como la Ruta Jacobea,
se iniciaba en Francia y penetraba por Roncesvalles o por
Somport y pasaba por ciudades como Pamplona, Logroño,
Burgos y León; a lo largo del camino se construyeron iglesias,
santuarios, hospederías, hospitales y puentes para los peregrinos.
Para el siglo XII el francés Aymeric Picaud ya había escrito un
manual en el que se indicaba el itinerario, las costumbres de los
sitios por donde pasaban, dónde hospedarse, qué comer y beber e
incluso un pequeño libro de frases.

Con el tiempo la Ruta Jacobea se convirtió en la vía por la que
llegaron a España el arte, la literatura, la ciencia y las costumbres
europeas de la época. La convivencia de los visitantes con los
habitantes locales también fomentó la diseminación de las
costumbres y la lengua españolas por el resto de Europa. La
peregrinación se convirtió también en un medio de acelerar el
tiempo de las condenas: si un reo completaba la ruta se le
conmutaba la sentencia.

© Ediciones Castell, S.A.
El Pórtico de la Gloria

Los peregrinos franceses iniciaban su camino en la Torre de Saint Jacques en París, cruzaban los Pirineos y se unían a la ruta que los llevaba, después de setecientos kilómetros de camino arduo, al Pórtico de la Gloria, en la Catedral de Santiago.

Otros caminos traían a los peregrinos del sur, por Orense y Pontevedra; los peregrinos Portugueses venían por Tui, y los ingleses por La Coruña. Hoy día hay muchos otros caminos y aunque no todos sean de peregrinación, se puede decir que todos los caminos conducen a Santiago.

El emblema de los peregrinos era una concha, tal vez por su abundancia en las playas de Padrón. Entre los peregrinos compostelanos se cuentan El Cid, Luis VII de Francia, San Francisco de Asís, Jaime III de Escocia e Inglaterra, y el Papa Juan XXIII.

Vocabulary

supuestas	alleged
aparición, *f*	appearance
a lo mejor	perhaps
ingeniadas	made up, contrived
con el fin de	in order to
se convirtió *(convertirse)*	became
hospedería, *f*	hostel, inn
hospedarse	to lodge, to stay
incluso	including
fomentó *(fomentar)*	promoted
condena, *f*	sentence
reo, *m*	prisoner
arduo	hard, exhausting
se cuentan *(contar)*	figure
concha, *f*	shell

Exercise 5.2

Rewrite these sentences, replacing the words underlined with an appropriate expression from the list provided and changing the form of other words, if necessary.

guía, delincuentes, inventaron, incluyen, rivalizaba, atraviesa, conducía, difusión, regiones, símbolo

1 Desde el siglo IX, se <u>ingeniaron</u> apariciones de Santiago.
2 Santiago de Compostela <u>competía en</u> popularidad con Roma y Jerusalén.
3 Los peregrinos procedían de <u>puntos</u> muy lejanos de Europa.
4 La Ruta Jacobea <u>pasa</u> por las provincias de Navarra, Logroño y León, entre otras.
5 Aymeric Picaud escribió un <u>manual</u> turístico.
6 Después de setecientos kilómetros, el camino <u>llevaba</u> a los peregrinos a la catedral de Santiago.
7 Las peregrinaciones ayudaron a la <u>diseminación</u> de la cultura europea.
8 Como peregrinos, los <u>reos</u> podían acortar su sentencia.
9 El <u>emblema</u> de los Jacobitas era una concha.
10 Entre los Jacobitas se <u>cuentan</u> personajes famosos.

La catedral de Santiago

Los campostelanos dicen que gozan solamente de unos treinta días soleados por año, y la primera impresión que se le ofrece al visitante es la de una ciudad gris y melancólica - la más lluviosa de España.

La catedral, sin embargo es otra cosa. Erigida sobre la tumba de Santiago, su construcción se inició en 1075. Los peregrinos deben haberse maravillado del Pórtico de la Gloria construido por el maestro Mateo en el siglo XII, el cual narra en esculturas la historia de la iglesia cristiana, desde la creación del mundo hasta el juicio final. Para fumigar la iglesia había un incensario que purificaba el ambiente mientras los peregrinos entraban y salían por sus 14 puertas. A partir del siglo XIV, cada vez que el día de Santiago (el 25 de julio) cae en un domingo, se denomina Año Santo y se celebra con gran pompa. Para la ocasión se abre la Puerta Santa (detrás del altar) y un sistema complicado de poleas

© Xunta de Galicia

y cuerdas facilita el balanceo de un incensario enorme, hecho de
plata, maniobrado por cinco o seis hombres. El humo del
incensario proyecta un arco de más de cincuenta metros y en el
recinto retumba el sonido de las gaitas gallegas. El Año Santo se
va a celebrar por última vez este milenio en 1999.

Vocabulary

gozan *(gozar)*	to enjoy
incensario	incense burner
ambiente	ambience, atmosphere
polea, *f*	pulley
cuerda, *f*	rope
humo, *m*	smoke
recinto, *m*	place
retumba *(retumbar)*	reverberates, echoes

Exercise 5.3

Complete each of the following statements with the appropriate word:

apariciones, esculturas, Santiago, peregrinos, humo, Compostela, purifica, domingo, gaitas gallegas, catedral

1 Según la tradición, ___ está enterrado en la ciudad que lleva su nombre.
2 ___ podría tener su origen en la palabra latina que significa 'cementerio'.
3 Las ___ de Santiago fueron aprovechadas por los cristianos para reforzar la moral de sus tropas.
4 El prestigio del santo patrón de España sirvió para atraer a muchos ___ a Santiago a partir del siglo X.
5 La construcción de la ___ se empezó a principios del siglo XI.
6 El Pórtico de la Gloria contiene ___ que narran la historia de la religión cristiana.
7 La catedral se ___ con incienso.
8 El Año Santo Compostelano se celebra cuando el 25 de Julio cae en ___.
9 Las ___ proveen la música durante las celebraciones.
10 El ___ del incensario se eleva y llena la iglesia de un olor reverente.

Galicia, tierra de emigrantes

Desde el siglo XVI Galicia ha experimentado un éxodo constante de su población hacia otras partes de la Península, especialmente Castilla, Andalucía y Portugal. En el siglo XVII Lisboa se conocía como 'la ciudad gallega' por el elevado número de emigrantes gallegos entre sus habitantes.

En el siglo XVII empezó la emigración hacia América del Sur, la cual alcanzó su mayor auge en la segunda parte del siglo XIX. Para los gallegos, el Nuevo Mundo, especialmente Argentina, Uruguay y Cuba, era la Tierra Prometida. El éxodo hacia estos países continuó hasta después de la Segunda Guerra Mundial.

En la década de 1950, la emigración gallega se concentró en otros países europeos, especialmente Suiza, Alemania, Suecia y el Reino Unido. Aunque desde 1974 la emigración ha disminuido marcadamente, aún se nota el deseo de buscar un mejor nivel de vida en otras partes del mundo.

¿Por qué emigran los gallegos? La escasa industrialización y la desigual distribución de la tierra hasta hace unas décadas, junto con el crecimiento de la población gallega, los empujaron a buscar trabajo y mejor nivel de vida en otras partes de España, Europa y América del Sur. Aunque la situación laboral y económica ha mejorado mucho en los últimos años, los gallegos no han perdido su deseo de aventura, de conocer otras regiones y culturas, de tratar de hacer su vida lejos de su querida Galicia.

Vocabulary

ha experimentado *(experimentar)*	has experienced
elevado	high
auge, *m*	peak
Tierra Prometida, *f*	the Promised Land
marcadamente	considerably
deseo, *m*	wish
escasa	scarce
desigual	unequal
crecimiento, *m*	growth

Explanatory notes

1 Conditional Sentences

Conditional sentences with **si** can be constructed with the indicative or the subjunctive depending on whether or not there is doubt about the fulfilment of the condition.

> **Si vienes te invito a la playa.** (Open condition)
> **Si vienes te invitaré a la playa.** (Open condition)

They both translate 'If you come I will invite you to the beach' and in both cases it is likely that the condition will be fulfilled.

> **Si vinieras te invitaría a la playa.** (Hypothetical condition)
> If you came I would invite you to the beach.

> **Si hubieras venido te habría invitado a la playa.** (Impossible condition)
> If you had come I would have invited you to the beach.

In the last two examples the assumption is that the condition is unlikely to be or wasn't fulfilled.

Not all conditional sentences referring to past actions are impossible. Some may have been possible and in this case **si** takes on the additional meaning of 'when.'

> **Si los reos <u>completaban</u> la ruta <u>podían</u> reducir su sentencia.**
> If the criminals followed the route they could reduce their sentence

Note that the imperfect subjunctive ends in **'-ase' (comprase), '-iese' (comiese), o '-ara' (comprara), '-iera' (comiera).** The former is preferred in Spain and the latter in Latin America.

NB. 'Si' in indirect questions: 'Si' does not always introduce a conditional clause. Like its counterpart in English, 'If', it can introduce an indirect question. In such cases **'Si'** can always be translated as 'whether':

> **No sé <u>si</u> voy al trabajo hoy.**
> I don't know <u>whether</u> I'll go to work today.

In indirect questions **'Si'** may be followed by future or conditional tenses:

> **Quería saber <u>si</u> yo <u>iría</u> con él.**
> He wanted to know <u>if</u> I'd <u>go</u> with him.

> **No sé <u>si</u> <u>iré</u> a Vigo en mayo.**
> I don't know <u>if</u> I'll <u>go</u> to Vigo in May.

Exercise 5.4

Put the infinitives in brackets into their correct verb form:

1 Si (llover), pasábamos las tardes jugando a las cartas.
2 Se lo (dar) a mi padre si lo vuelvo a ver.
3 Si (ser) verdad lo que dice, yo no le prestaría más dinero.
4 Si mis padres (venir) ayer, podríamos haber hablado con ellos.
5 Eso no te habría pasado, si (tener) más cuidado.
6 Sería más simpática si (ser) un poco menos tímida y (vestirse) mejor.
7 Si te casaras con Ana, su madre (ponerse) muy contenta.

8   No me habría dejado engañar así, aunque me (ofrecer) el mundo.

9   Si apruebas el examen yo (quedar) satisfecha.

10 Si tú (llegar) a tiempo, no habría tenido que ir a la policía.

Exercise 5.5

Translate the following sentences into Spanish:

1   I don't know whether this is true.
2   We would not have worried, if we had known all was well.
3   If he were right, we'd have to accept his idea.
4   If she had gone into the house, she would have seen him.
5   If I tried harder, I might be more successful.
6   If I had not drunk so much last night, I wouldn't have a headache.
7   Come to supper on Saturday evening, if you want.
8   If she likes it, she can keep it.
9   Don't open the door if anybody calls.
10 If they had not come early we would not have seen them.

2   Direct commands

Positive commands: To give a command in Spanish, there are four forms of the verb to choose from, one for each of the second person pronouns: **tú, usted, vosotros,** and **ustedes.** In Latin America **ustedes** is used for both polite and familiar plural forms. **Vosotros** is not used. Of these four forms only two are genuine imperatives, the **tú** and **vosotros** commands. So, when speaking familiarly to one or more listeners, the command forms are as follows:

Infinitive	*hablar*	*comer*	*vivir*
tú	**habla**	**come**	**vive**
vosotros	**hablad**	**comed**	**vivid**

The imperative with **tú** is formed by dropping the final **-s** from the second person singular of the present indicative, with the following exceptions:

tener	**ten**	**venir**	**ven**
poner	**pon**	**ir**	**ve**
decir	**di**	**hacer**	**haz**
salir	**sal**	**ser**	**sé**

Radical changing verbs keep their root changes. E. g.:

contar =>	cuenta	mover =>	mueve
cerrar =>	cierra	perder =>	pierde
pedir =>	pide	mentir =>	miente

The imperative with **vosotros** is perfectly regular in their formation, with the exception of reflexive verbs outlined below, The final **-r** of the infinitive is changed to a **-d**, as in the following examples:

contar =>	contad	decir =>	decid
hacer =>	haced	venir =>	venid

The other command forms, the polite **usted** and **ustedes,** both use the present subjunctive. **-ar** ending verbs take the ending in **-e**, whilst **-er** and **-ir** ending verbs take the ending in **-a**.

	Ud.	Uds.
hablar	hable	hablen
comer	coma	coman
vivir	viva	vivan
tener	tenga	tengan
decir	diga	digan
venir	venga	vengan
salir	salga	salgan

To summarize the forms for the imperative:

Infinitive	*Tú*	*Ud.*	*Vosotros*	*Uds.*
llamar	llama	llame	llamad	llamen
comer	come	coma	comed	coman
abrir	abre	abra	abrid	abran

With imperatives object pronouns are tacked on to the end of the verb. E.g.:

dímelo	tell me
démelo	give it to me
escríbeselo	write it for him / her

90

Exercise 5.6

Complete the following table with the correct forms of the imperative:

Infinitive	Tú	Ud.	Vosotros	Ustedes
escribir				
meter				
trabajar				
correr				

In negative commands the present subjunctive is used for all persons. E.g.:

Tú	Ud.	Vosotros.	Uds.
no digas	no diga	no digáis	no digan
no escribas	no escriba	no escribáis	no escriban
no seas	no sea	no seáis	no sean
no pongas	no ponga	no pongáis	no pongan

In this case object pronouns are not tacked on to the end of the verb, but precede it. E.g.:

no me digas	don't tell me
no se siente	don't sit down
no lo hagáis	don't do it
no se vayan	don't go away

Exercise 5.7

Turn the following requests into a direct command as indicated in the example:

¿Quieres entrar?	=>	**Entra**
¿Por qué no sale Ud.?	=>	**Salga**

1 ¿Quiere ayudarnos?
2 ¿Os queréis ir?
3 ¿Por qué no te casas?
4 ¿Queréis venir?
5 ¿Por qué no lo compra Ud.?
6 ¿Quieres decírmelo?
7 ¿Por qué no venís esta tarde?

8 ¿Quieren llamarme a las diez?
9 ¿Por qué no lo olvidáis?
10 ¿Quieren comer algo?

Exercise 5.8

Now turn your answers in the last exercise from positive commands to negative ones. E.g.:

Entra	=>	**No entres**
Salga	=>	**No salga (Ud.)**

Listening Exercise

La gastronomía gallega

Los principales atractivos de la gastronomía gallega son su variedad (hasta el punto que es difícil decir cuál es el plato típico de la región) y la forma familiar, artesanal y pausada de cocinar. Un mismo plato se prepara de muchas maneras y en cada lugar tienen un sabor distinto. Se puede decir que la cocina gallega es una cocina clásica porque alcanza el pináculo de su belleza con ingredientes sencillos, naturalmente combinados.

© Xunta de Galicia

El lacón con grelos es una de las comidas más típicas durante el invierno. Otro plato común es el cocido gallego, compuesto de jamón, carne de vaca y gallina, chorizo, grelos o repollo, patatas y garbanzos. Durante la época de Navidad, una de las carnes más saboreadas es el capón, cebado meticulosamente para la ocasión.

Las empanadas gallegas merecen mención especial. Se caracterizan por la suavidad del pan, hecho con azafrán, aceite, pimiento y cebollas, y la variedad del relleno, en el que se puede poner todo.

Los ingredientes que más se asocian con la comida gallega son el pescado y los mariscos. Entre los primeros los más sabrosos son los que se pescan en las rías o en las proximidades de la costa: merluza, rodaballo, lubina, mero y lenguado, que se preparan a la plancha, a la gallega o en *caldeira*. Entre los peces de río sobresalen las truchas, los salmones, las angulas, las anguilas y los sábalos.

Entre los mariscos vale la pena mencionar los camarones, los calamares y los chocos; el delicioso percebe, en el que se concentran todos los sabores del mar. Finas almejas, deliciosas ostras, centollas, langostas, langostinos y mejillones, su usan en la preparación de una vasta variedad de platos y salsas. Entre los mariscos sobresale el pulpo, consumido todos los meses del año y preparado en miles de formas, siendo la más común el pulpo a la *feira*, que se adoba con pimentón y sal y se rocía con aceite crudo.

Finalmente, no se puede hablar de la comida gallega sin mencionar los deliciosos y aromáticos quesos frescos y la exquisita repostería gallega.

Vocabulary

sabor, *m*	flavour
lacón, *m*	shoulder of pork
grelo, *m*	parsnip / turnip tops
repollo, *m*	cabbage
garbanzos, *m*	chick-peas
cebado	fattened
empanada, *f*	pasty
suavidad, *f*	smoothness
pan, *m*	pastry
azafrán, *m*	saffron

pimiento, *m*	peppers
cebolla, *f*	onion
relleno, *m*	filling
marisco, *m*	sea food
merluza, *f*	hake
rodaballo, *m*	turbot
lubina, *f*	sea bass
mero, *m*	grouper
lenguado, *m*	sole
plancha (a la)	grilled
gallega (a la)	Galician style
caldeira (en)	stewed (in a pot)
trucha, *f*	trout
angula, *f*	baby eel
anguila, *f*	eel
sábalo, *m*	shad
camarón, *m*	prawn
calamar, *m*	squid
choco, *m*	cuttlefish
percebe, *m*	barnacle
almeja, *f*	cockle
ostra, *f*	oyster
centolla, *f*	spider crab
langosta, *f*	lobster
langostino, *m*	king prawn
mejillón, *m*	mussel
sobresale *(sobresalir)*	stands out
pulpo, *m*	octopus
consumido *(consumir)*	eaten
feira (a la)	Fair style
se adoba *(adobar)*	is seasoned
se rocía *(rociar)*	sprinkled
repostería, *f*	confectionery

Exercise 5.9

Answer the following questions in Spanish:

1 ¿Por qué es difícil saber cuál es el plato gallego típico?
2 ¿Qué ingredientes se ponen en el cocido gallego?
3 ¿Cuándo se come el capón?
4 ¿Qué hace famosas a las empanadas gallegas?
5 ¿Cuáles son los ingredientes por excelencia de la comida gallega?
6 ¿Cuáles peces de agua dulce puede mencionar?
7 ¿En cuál pez se concentran todos los sabores del mar?
8 ¿Qué plato se prepara con pimiento, sal y aceite?
9 ¿En qué consiste el relleno de las empanadas gallegas?
10 ¿Qué plato se consume durante el invierno?

Chapter 6   México

In this chapter you are going to practise numbers, distances,
measurements and superlatives.

Reading

México, junto con los Estados
Unidos y Canadá, hace parte
del subcontinente
norteamericano. Tiene una
superficie de 1.958.201
kilómetros cuadrados y un
litoral de más de 10.000
kilómetros sobre los océanos
Pacífico y Atlántico.

México comparte con su
vecino del norte, los Estados
Unidos, una frontera de más
de 3.000 kilómetros y la
influencia que éste ejerce en la
vida mexicana se nota en
muchos aspectos, incluso el
nombre oficial del país,
Estados Unidos de México.

¿Sabía Ud. que ...?

- Gran parte del sur de los
  Estados Unidos le perteneció
  originalmente a la corona
  española y fue heredada por
  México después de su
  independencia de España.
  California, Nuevo México,
  Arizona y Texas fueron
  provincias mexicanas hasta
  mediados del siglo XIX.

- Se piensa que la palabra
  México viene de *Mexitli*, el
  dios azteca de la guerra.
  Otros creen que viene de
  Meji o *Mexi*, nombre de una
  tribu y *co*, lugar o país en el
  idioma local.

México en Norteamérica

México es el segundo país más extenso de Hispanoamérica y, con cerca de 90 millones de habitantes (1995), el más poblado de todos.

México es un país muy montañoso. Tiene varios sistemas de montañas: la Sierra Madre Oriental, la Sierra Madre Occidental y la Sierra Madre del Sur. Con excepción de las áreas desérticas del norte y de los llanos de Yucatán, hay montañas en todas partes de México y desde todas las ciudades de la región central se pueden ver volcanes. En la provincia de Michoacán hay más de ochenta. El Pico de Orizaba, el Popocatépetl (la montaña humeante) y el Ixtacíhuatl (la dama durmiente) son la tercera, la quinta y la séptima montañas más altas de Norteamérica. El Orizaba tiene 5.700 metros de altura.

México es un país enorme y de muchos contrastes: selva tropical impenetrable en el sur y áridos desiertos en el norte; modernos centros industriales de alta tecnología y agricultura rudimentaria; un sistema de gobierno democrático y un solo partido político. La gente, las costumbres, la arquitectura, la historia, las lenguas ... todo en México es genuinamente mexicano. Como dicen los mismos mexicanos '¡Como México no hay dos!'

Vocabulary

junto con	together with
hace parte de	is part of
litoral, *m*	shoreline
comparte con *(compartir)*	shares with
ejerce *(ejercer)*	to exert, to have
se nota *(notar)*	can be seen
incluso	including
extenso	vast
montañoso	mountainous
sistema de montañas, *m*	mountain range
sierra, *f*	mountain range
se pueden ver *(poder ver)*	can be seen
montaña humeante, *f*	the smoking mountain
dama durmiente, *f*	the sleeping lady
selva tropical, *f*	rain forest
genuinamente mexicano	genuinely Mexican
los mismos mexicanos, *m*	the Mexican themselves
¡Como México no hay dos!	There is nowhere like Mexico

Exercise 6.1

Answer the following questions in Spanish:

1 ¿Cuáles son los principales sistemas montañosos de México?
2 ¿Qué significa Popocatépetl?
3 Dé un ejemplo de la influencia de los Estados Unidos en México?
4 ¿Por qué se dice que 'como México no hay dos'?
5 ¿Qué significa Mexitli?
6 ¿Cuándo perdió México gran parte de su territorio?
7 ¿Qué país europeo conquistó a México?
8 ¿Cuáles son las únicas áreas de México donde no hay montañas?

Palenque

Se dice que en México hay 10.000 ruinas de ciudades y monumentos de muchos pueblos, entre los cuales se destacan los mayas, los aztecas, los toltecas y los olmecas. Tales civilizaciones construyeron ciudades como Teotihuacán, Palenque y Chichén Itzá, que se han convertido en sitios famosos de gran valor histórico y que se comparan bien con la arquitectura de las grandes civilizaciones europeas.

A más de mil quinientos kilómetros al sur de la capital, se encuentra la ciudad de Palenque, en la provincia de Chiapas, uno de los centros arqueológicos mayas más importantes.

Palenque fue una gran ciudad de una extensión de doce kilómetros cuadrados y de construcciones arquitectónicas muy refinadas. Palenque permaneció escondida hasta el siglo XVIII y se calcula que las ruinas encontradas datan de los siglos VII y VIII. Se creía antes que, a diferencia de las pirámides egipcias, las de México y Centro América no se usaban como tumbas, pero en 1949 el arqueólogo Alberto Ruz hizo un hallazgo espectacular: tras cuatro años de excavaciones en el Templo de las Inscripciones, encontró la tumba del gobernante más importante de Palenque. No se ha encontrado ninguna otra pirámide maya

© El Mundo Latino, 1995
Palacio de las Inscripciones - Palenque

construida especialmente con este fin. Nadie sabe por qué los
Mayas abandonaron la ciudad ni por qué razón desapareció una
civilización tan avanzada.

Los mayas y los aztecas empleaban el chocolate en sus comidas y
bebidas, y también usaban los granos de cacao como dinero.
Todavía se usa para preparar el mole, o salsa de chile y
chocolate. Otras palabras de origen azteca son tomate, maíz y
chile. El maíz es la base de la dieta mexicana. Hay más de cuatro
mil especies de este cereal en México. !Qué variedad! El maíz se
usa principalmente para preparar tortillas. La tortilla es la base
de más de cien platos diferentes. El tequila es la bebida nacional
de México y se extrae del maguey. Se toma con una pizca de sal
y un trocito de limón. Tal bebida es la base del coctel margarita.
Los indios también usaban el maguey para hacer hilo y papel.

Vocabulary

pueblo, *m*	civilisation
se destacan *(destacarse)*	stand out
se encuentra *(encontrarse)*	is found
permaneció *(permanecer)*	remained
escondida	hidden
a diferencia de	unlike
se usaban *(usar)*	were used
tumba, *f*	tomb, grave
hallazgo, *m*	find, discovery
tras	after, behind
gobernante, *m*	governor
comida, *f*	food
bebida, *f*	drink
grano, *m*	bean
cacao, *m*	cocoa
mole, *m*	spicy chocolate sauce
tortilla, *f*	maize pancake
pizca de sal, *f*	a pinch of salt
hilo, *m*	fibre, cotton

Exercise 6.2

Rewrite these sentences, replacing the words underlined with an appropriate expression from the list provided and changing the form of other words, if necessary.

sepulcros, se extinguió, variedades, como alimento, saca, fina, alimentación, culturas, vestigios

1 En México hay ruinas de muchos pueblos.
2 Palenque da muestras de una arquitectura muy refinada.
3 Las ruinas de Palenque datan de los siglos VII y VIII.
4 Las pirámides mayas se usaban como tumbas.
5 No se sabe por qué la civilización maya desapareció.
6 Los mayas y los aztecas usaban el cacao en comidas y bebidas.
7 El maíz es la base de la dieta mexicana.
8 En México hay mas de cuatro mil especies de maíz.
9 El tequila se extrae del maguey.

Los mariachis y el rodeo

Muy pocos países en el mundo se enorgullecen de tener tantos estilos diferentes de música y baile. Los indios precolombinos usaban instrumentos de viento y percusión y el baile desempeñaba un papel muy importante en la vida social y religiosa. Los españoles trajeron instrumentos de cuerda y los franceses agregaron los violines y las trompetas.

En la región de Guadalajara, esta combinación de instrumentos produjo entre otros los mariachis de Jalisco - el sonido mexicano de fama internacional. Su nombre viene de la palabra francesa *marriage* porque siempre acompañaban las bodas. Es imposible visitar México sin escuchar esta típica música.

Otro espectáculo muy popular en México es el rodeo, el cual combina la sutileza de la equitación con la pasión por los toros. Los aficionados ven cómo sus preferidos charros compiten en el manejo del caballo, tratan de tumbar un toro cogiéndolo por el rabo o intentan permanecer sentados sobre un potro cerril. El

Mariachis mexicanos

espectáculo es muy animado y muy emocionante. En tales ocasiones no faltan los mariachis.

Vocabulary

se enorgullecen *(enorgullecerse)*	are proud
baile, *m*	dancing
instrumentos de viento y percusión, *m*	wind and percussion instruments
desempeñaba *(desempeñar)* **un papel**	played a role
trajeron *(traer)*	brought
instrumento de cuerda, *m*	stringed instrument
agregaron *(agregar)*	added
sonido, *m*	sound
palabra, *f*	word
boda, *f*	wedding
sutileza, *f*	subtlety
equitación, *f*	horsemanship
charro, *m*	Mexican cowboy
manejo del caballo, *m*	horse control
tumbar el toro	to 'throw' a bull
rabo, *m*	tail
permanecer sentado	to remain seated
potro cerril, *m*	bronco, wild horse
animado	lively, colourful
emocionante	exciting

Exercise 6.3

*State whether each of the following statements is true (**verdadero**) or false (**falso**):*

1 Los indios precolombinos tocaban instrumentos de cuerda.
2 Los españoles llevaron instrumentos de viento el Nuevo Mundo.
3 Los mariachis se originaron en Guadalajara.
4 Un charro es un vaquero mexicano.
5 Mariachi es una orquesta famosa en Jalisco.
6 Los mariachis sólo tocan en las bodas.
7 Un rodeo es una mezcla de equitación y de corrida de toros.
8 En los rodeos se trata de tumbar a los toros.
9 Los franceses contribuyeron la trompeta y el violín a la música mariachi.
10 La música mariachi sólo se escucha en México.

Explanatory notes

1 Ordinal numbers

As the word *ordinal* suggests, first, second, third are adjectives describing rank or consecutive order. In Spanish they are as follows:

1st	**primer(o) -a**
2nd	**segundo -a**
3rd	**tercer(o) -a**
4th	**cuarto -a**
5th	**quinto -a**
6th	**sexto -a**
7th	**séptimo -a**
8th	**octavo -a**
9th	**noveno -a**
10th	**décimo -a**

Note that **primero** and **tercero** drop their **-o** in front of a masculine noun:

mi primer disco	my first record
el tercer capítulo	the third chapter

But feminine forms are unaffected:

su primera mujer	his first wife

Ordinal numbers normally precede the noun, but they follow titles and centuries :

Carlos Quinto	Charles the Fifth
el siglo segundo	the second century

In written Spanish, Roman numerals tend to be used with monarchs and centuries:

Carlos V
el siglo II

Beyond 10th, cardinal numbers are normally used and these always follow the noun:

el piso doce	the twelfth floor
el siglo veinte	the twentieth century
Luis Catorce	Louis the Fourteenth

Ordinal numbers can also be used in the plural form, if required:

los primeros días   the first days

Another way of expressing order or rank is by the use of the suffix
-avo,-a with numerals higher than ten. For example:

onceavo	11th
veinteavo	20th
treintaicincoavo	35th
cientocincuentavo	150th
milquinientosavo	1500th

Exception to this rule are:

centésimo/a	100th
milésimo/a	1000th
diezmilésimo/a	10000th
cienmilésimo/a	100000th
millonésimo/a	1000000th

This ending however is mostly used to refer to fractions above
tenth as in the following examples:

un onceavo	1/11
cinco dieciseisavos	5/16
seis ochentavos	6/80
siete cientoquinceavos	7/115
veintiún doscientoscincuentavos	21/250

NB. Note the following fractions:

un medio	1/2
un tercio	1/3

2 Superlative of adjectives

To describe a person or object as the best, biggest, most
beautiful, etc., Spanish uses the definite article with **más +**
adjective **+ de**:

el segundo país más grande de Hispanoamérica
the second largest country in Spanish America

la mujer más linda del pueblo
the prettiest girl in town

el coche más veloz de la carrera
the fastest car in the race

Note that the only difference between the comparative and the superlative in Spanish is the presence of the definite article in front of the noun: **más grande** alone means 'bigger', but **la casa más grande** means 'the biggest house'.

The addition of an ordinal number qualifies its rank order:

la tercera montaña más alta de Norteamérica
the third highest mountain in North America

la cuarta ciudad más poblada del mundo
the fourth most populated city in the world

Note the irregular superlatives **mejor** (best) and **peor** (worst), and **mayor** (largest) and **menor** (smallest), precede the noun. However, **mayor** and **menor** can also mean 'eldest' and 'youngest', in which case they follow the noun. Both pairs can use the possessive adjective in place of the definite article, and keep their superlative meaning:

mi mejor amigo	my best friend
su hermano mayor	his elder / eldest brother

Note also the following phrases:

La mayoría de sus colegas piensan igual.
Most of his colleagues think likewise.

Perdió la mayor parte del dinero en el casino.
He lost most of the money in the casino.

¿Quién tiene más amigos?
Who has most friends?

3 Distances and measurements

Note how Spanish expresses **distance** from a place by using the preposition **a**:

a más de 1500 kilómetros al sur de la capital
more than 1500 km south of the capital

Vivimos a unos treinta kilómetros de Veracruz.
We live about thirty kilometres from Veracruz.

> **¿A qué distancia estamos de Oaxaca?**
> How far are we from Oaxaca?

Measurements are stated by using:

> **tener tantos metros de largo, alto, ancho**
> to be so many metres long, high, wide

> **¿Cuántos metros de alto tiene el Popocatépetl?**
> How high is Mount Popocatépetl?

> **El Popocatépetl tiene unos cinco mil cuatrocientos metros de alto.**
> Mount Popocatépetl is about five thousand four hundred metres high.

> **¿Cuántos kilómetros de largo tiene la frontera?**
> How long is the border?

> **La frontera tiene más de tres mil kilómetros de largo.**
> The border is more than three thousand kilometres long.

Another way of referring to measurement is to use **altura, longitud, anchura**:

> **¿Qué altura tiene el Popocatépetl?**
> How high is Mount Popocatepetl?

> **Tiene una altura de más de cinco mil cuatrocientos metros.**
> It is over five thousand four hundred metres high.

> **¿Qué longitud tiene la frontera?**
> How long is the border?

> **Tiene más de 3000 km de longitud.**
> It is over 3000 km long.

Exercise 6.4

Answer the following questions fully in Spanish:

1 How long (in km) is Mexico's border with the US?
2 How long (in km) is Mexico's coast line?
3 What is the height of Mount Orizaba?

4 What claims can be made about Mexico's area and population when compared with other Spanish-American countries?

Make statements in Spanish about the following:

5 Mexico City boasts the largest population in the world (20 million).

6 Mexico also has one of the finest archaeological-anthropological museums in the world - El Museo Nacional de Antropología. *(Use **mejor**.)*

Exercise 6.5

Express the position of the four cities in terms of their distance and compass bearings from Mexico City. E.g.:

Saltillo está a setecientos kilómetros al norte del Distrito Federal.

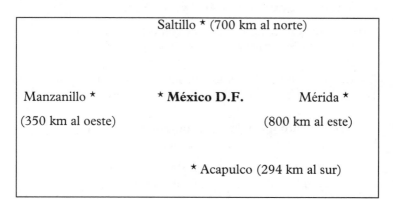

```
                    Saltillo ★ (700 km al norte)



 Manzanillo ★          ★ México D.F.          Mérida ★

 (350 km al oeste)                         (800 km al este)



                    ★ Acapulco (294 km al sur)
```

Exercise 6.6

*Here are some geographical statistics about rivers, cities, and mountains in the world. Make statements about the items marked with a star (★) using constructions such as **el más ... largo de**, etc.:*

Ríos:

El Nilo	6.670 km
El Amazonas	6.448 km★
El Mississippí	6.270 km

<u>Montañas:</u>

K2	8.661 m
Everest	8.863 m★
Kanchenjunga	8.598 m

<u>Ciudades capitales:</u>

Lhasa	a 3.684 m sobre el nivel del mar
La Paz	a 3.631 m sobre el nivel del mar
Bogotá	a 2.640 m sobre el nivel del mar★

4 fácil, difícil - posible, imposible

These adjectives are followed by infinitives when used in impersonal expressions:

>**<u>No</u> <u>es</u> <u>fácil</u> entender tu acento.**
>It is <u>not easy</u> to understand your accent.

>**<u>Es</u> <u>difícil</u> escalar el Popocatépetl.**
>It <u>is</u> <u>difficult</u> to climb Mount Popocatepetl.

But when the subject is not impersonal (i.e., not 'it' in English, but 'Mexico' or 'tortillas') then **de** precedes the infinitive:

>**Tu acento <u>no</u> <u>es</u> <u>fácil</u> de entender.**
>Your accent <u>is</u> <u>not</u> <u>easy</u> to understand.

>**El Popocatépetl <u>es</u> <u>difícil</u> de escalar.**
>Mount Popocatepetl <u>is</u> <u>difficult</u> to climb.

5 tal, tan, tanto

As we have seen, 'such a' is translated by **tal** or, in the plural, **tales:**

>**<u>tal</u> tierra**   <u>such</u> <u>a</u> land
>**<u>tales</u> hombres**   <u>such</u> men

tal is an adjective, agreeing with the noun it limits, but since it ends in a consonant, it has no feminine form distinct from the masculine.

In English 'such' and 'such a' are used in combination with an adjective:

>such a mountainous land
>such steep slopes

The Spanish equivalent, **tal**, cannot be used in combination with an adjective. Instead, the adverb **tan** is used:

>**una tierra <u>tan</u> montañosa**
>**cuestas <u>tan</u> inclinadas**

tan is unchangeable, since it is not an adjective but an adverb.

tanto, tanta, are adjectives meaning 'so much' (with uncountable nouns) and **tantos, tantas** mean 'so many':

>**tanto oro**   <u>so</u> <u>much</u> gold
>**tantos estilos**   <u>so</u> <u>many</u> types of music
>   **de música**

6 ¡Qué volcán tan / más alto!
¡Qué tierra tan / más exótica!

Notice how to express appreciation or criticism of a particular characteristic of a person or object. **Tan** and **más** are interchangeable, and the adjective still needs to agree with the noun to which it refers:

>**¡Qué ideas <u>más</u> interesantes!**
><u>What</u> interesting ideas!

>**¡Qué programa <u>tan</u> aburrido!**
><u>What</u> a boring program!

Of course **¡Qué!** can be used on its own with a noun:

>**¡Qué hombre!**
><u>What</u> a man!

>**¡Qué lástima!**
><u>What</u> a pity!

>**¡Qué montañas!**
><u>What</u> mountains!

Exercise 6.7

Make exclamations following the example:

chica guapa

¡Qué chica más guapa!
What a pretty girl!

1 ciudad limpia
2 canciones románticas
3 problema grande
4 coche lujoso
5 casas caras
6 ruinas antiguas
7 montaña alta
8 descubrimiento importante
9 comida variada
10 espectáculo interesante

Exercise 6.8

Rewrite the following impersonal expressions as shown in the example:

Es imposible hacer esto. = **Esto es imposible de hacer.**

1 Es fácil preparar este plato.
2 Es difícil armar este rompecabezas.
3 Es imposible resolver este problema.
4 Es complicado reparar el coche.
5 No es fácil visitar Palenque.

Now do the reverse and make impersonal expressions of these sentences:

6 Ese cuadro no fue fácil de pintar.
7 El resultado será posible de predecir.
8 La novela clásica moderna es difícil de interpretar.
9 Tu letra (**handwriting**) es completamente imposible de entender.
10 Las inscripciones en las pirámides son difíciles de descifrar.

Listening Exercise

La conquista de México

¿Cómo pudo ser que solamente quinientos cincuenta soldados españoles con sólo dieciséis caballos, algunos perros y varios cañones pudieran haber derrotado a miles de guerreros aztecas en 1521? Hay dos posibles explicaciones: la codicia de los conquistadores y la ingenuidad de los aztecas. Los aztecas llevaban una vida sometida a las señales divinas y a los augurios de los horóscopos. Moctezuma, el gran emperador azteca, creía que Hernán Cortés era el dios Quetzacóatl, quien se había ido hacia el este en el año 987, con la promesa de volver en el año Ce Atl. Por una extraña coincidencia, entre 1517 y 1519 ocurrieron varios hechos que parecían indicar que algo muy importante iba a pasar: un cometa nuevo apareció en el oriente durante cuarenta días; un incendio destruyó las torres del templo Huitzilopochtli y un ejército azteca resultó diezmado en un terremoto. Para colmo de las desgracias, Cortés desembarcó en la costa oriental de México en 1519, ¡el año del presagiado regreso de Quetzacóatl!

Al llegar al valle de Anáhuac, Cortés vio por primera vez Tenochtitlán. Moctezuma salió a recibirlo acompañado de una gran muchedumbre entre quienes figuraba una mujer india llamada Malinche quien hablaba varias lenguas indígenas y podía

Hernán Cortés

servir de intérprete entre Cortés y el pueblo azteca. Moctezuma le obsequió a Cortés oro y piedras preciosas y lo invitó a vivir en su palacio. Inclusive le regaló el tesoro de su padre y mandó traer más oro y plata de otras partes de su reino. A pesar de su gran generosidad Moctezuma terminó como rehén de Cortés. La noche del treinta de junio de 1520, recordada por los españoles como la 'Noche Triste', los aztecas atacaron el palacio de Axayactl, donde se habían refugiado los españoles. Muchos de éstos murieron a manos de los aztecas o, según se dice, se ahogaron en el lago por el peso del oro que llevaban. Cortés logró escapar con sólo la mitad de sus soldados.

Otro factor decisivo en la conquista de México fue la colaboración que recibió Cortés de otros indios ya subyugados por los aztecas, los cuales querían aprovechar la oportunidad para vengarse de sus amos. Además los españoles supieron utilizar la pólvora y los caballos muy efectivamente para aterrorizar a los indios.

Vocabulary

haber derrotado	to have defeated
guerrero, *m*	warrior
codicia, *f*	greed
ingenuidad, *f*	naivety
sometida	subjected
señal divina, *f*	heavenly sign
augurio, *m*	omen
por una extraña coincidencia	by a strange coincidence
hecho, *m*	event
incendio, *m*	a fire
ejército, *m*	army
diezmado	decimated
terremoto, *m*	earthquake
para colmo de las desgracias	to cap it all
desembarcó *(desembarcar)*	to land
presagiado *(presagiar)*	foretold
recibirlo	to greet him
muchedumbre, *f*	crowd
servir de intérprete	to serve as an interpreter
le obsequió *(obsequiar)*	gave him
piedra preciosa, *f*	precious stone, jewel
mandó *(mandar)*	ordered
a pesar de	in spite
rehén, *m*	hostage
se ahogaron *(ahogarse)*	drowned
mitad, *f*	half
subyugados	subjected, conquered

aprovechar	to take advantage of
vengarse	to take revenge
amo, *m*	master
pólvora, *f*	gunpowder
aterrorizar	to terrorise

Exercise 6.9

Answer the following questions in Spanish:

1 What were the two most important reasons for the Spaniards' victory?
2 Why did Moctezuma believe Cortes was a god?
3 How did he receive him?
4 How did they communicate?
5 How did Cortes repay Moctezuma's generosity?
6 Why did the other indians prove helpful to Cortes?
7 What most frightened the indians?
8 Why did the Aztecs attack Cortes' army?
9 Who called the night of June 30th, 1520 'la Noche Triste' and why?
10 How did the Spanish soldiers die?

Chapter 7

Cuba y Centroamérica

In this chapter you are going to practise prepositional verbs and the use of the subjunctive after expressions of doubt, probability and possibility.

Reading

Cuba

A menos de ciento cincuenta kilómetros de Miami se encuentra Cuba, la isla más grande de las Antillas, con una superficie de más de 110.800 kilómetros cuadrados y una población que no pasa de diez millones de habitantes (1995). Fue descubierta por Cristóbal Colón en 1492 y fue allí donde los españoles encontraron el tabaco por primera vez. Hoy día Cuba produce el tabaco más cotizado del mundo. Cuba es conocida como la Perla de las Antillas por la belleza de sus montañas, ríos, valles y playas.

¿Sabía Ud. que ...?

- Costa Rica no ha tenido ejército desde 1948 y sin embargo es el país más pacífico del área.

- El quetzal, pájaro de mucho colorido y belleza, es el símbolo nacional y el nombre de la moneda de Guatemala.

- El nombre de Cuba viene de la palabra *Cubanacán*, nombre dado al centro de la isla por los indios caribes que la habitaban a la llegada de Colón.

Por su situación en el mar Caribe, Cuba goza de un clima muy agradable todo el año. Tiene una longitud de 1.225 km y sus costas se encuentran rodeadas de muchos cayos e islas, la principal de las cuales es la Isla de Pinos, también llamada la Isla de la Juventud porque es el sitio preferido por los jóvenes cubanos para sus vacaciones.

La cadena montañosa más alta es la Sierra Maestra y en el centro de la isla se encuentra la Sierra de Escambray. En estas áreas montañosas se cultiva el café; en las zonas llanas se cultiva la caña de azúcar. La época del corte y la molienda de la caña en los ingenios se llama la *zafra* y a los meses de inactividad entre zafras se les llama *tiempo muerto*.

Por su situación estratégica, Cuba se convirtió en un centro importante para la exploración y colonización españolas, desde donde se organizaban y se abastecían expediciones hacia otras partes del nuevo continente. Hernán Cortés salió de Cuba a explorar y finalmente conquistar México, y Hernando de Soto, quien exploró grandes áreas de Norteamérica y descubrió el río Mississippi.

El rey Felipe II nunca dudó que Cuba podría ser el blanco de los ataques ingleses y franceses, así que hizo construir el Castillo del Morro, en una colina a la estrecha entrada del puerto de la Habana. Esta fortificación protegió la isla hasta 1762, cuando cayó en manos de los ingleses. Esa ocupación sólo duró un año, pues al año siguiente los ingleses cambiaron Cuba por la Florida. El arribo de los ingleses a Cuba aumentó el comercio y la llegada de refugiados franceses de Haití a finales del siglo XIX ayudó a mejorar la producción agrícola.

Cuba fue la última colonia española en el continente americano, habiendo ganado su independencia en 1898. El gran poeta José Martí fue el héroe de la revolución cubana contra España y la inspiración de la Guerra de Independencia de 1895; tristemente, Martí murió antes de ver realizado su sueño. Martí nunca dudó que los estadounidenses, ayudarían a los cubanos en su lucha por la independencia, pero se habría sorprendido al saber que sus aliados, a consecuencia de la guerra contra España en 1898, ocuparon militarmente la isla y se apoderaron del ochenta por ciento del territorio. Cuando decidieron salir de Cuba en 1902, los Estados Unidos se reservaron el derecho de establecer una

base naval en la bahía de Guantánamo, que hasta la fecha sigue
en su poder.

Vocabulary

cotizado	valued, sought after
cayo, *m*	key, islet
juventud, *f*	youth
jóvenes, *m*	young people
corte, *m*	cutting, harvest
molienda, *f*	milling (of sugar cane)
ingenio, *m*	sugar cane mill
se les llama *(llamar)*	are called
se convirtió *(convertirse)*	became
se abastecían *(abastecerse)*	were supplied
blanco, *m*	target
cayó en manos *(caer)*	fell into the hands
arribo, *m*	arrival
llegada, *f*	arrival
refugiado, *m*	refugee
aliado, *m*	ally
territorio, *m*	land
se reservaron el derecho *(reservarse)*	reserved the right
poder, *m*	possession

Una de las canciones más populares del habla hispana se titula
'Guantanamera', se basa en una colección de poesías del poeta y
héroe nacional cubano José Martí y dice así:

Yo soy un hombre sincero
De donde crece la palma
Y antes de morirme quiero
Echar mis versos del alma.

Mi verso es de un verde claro
Y de un carmín encendido.
Mi verso es un ciervo herido
Que busca en el monte amparo.

Por los pobres de la tierra
Quiero yo mi suerte echar.
Que el arroyo de la sierra
Los complace más que el mar.

Vocabulary

guantanamera, *f*	(Goajiro indian) from Guantanamo
crece *(crecer)*	grows
palma, *f*	palm tree
verso, *m*	poem, poetry
alma, *f*	soul, heart
carmín	bright red
ciervo, *m*	deer
monte, *m*	the mountains
amparo, *m*	refuge
echar mi suerte	to throw my lot (with the poor)
arroyo, *m*	stream

Exercise 7.1

*State whether each of the following statements is true (**verdadero**) or false (**falso**):*

1 A Cuba se la conoce como la Perla de las Antillas.
2 La caña de azúcar se cultiva en las regiones bajas.
3 El castillo del Morro fue construido por los ingleses.
4 El deseo de Martí se cumplió durante su vida.
5 Los Estados Unidos todavía tienen una base naval en Cuba.
6 El tiempo muerto es cuando no se cosecha.
7 En 1763 los ingleses cambiaron a Cuba por la Florida.
8 El nombre de Cuba se deriva de una palabra caribe.
9 Cuba fue un centro estratégico para la exploración española.
10 'Guantanamera' fue compuesta por Martí.

Centroamérica

Centroamérica es un caleidoscopio de paisajes y gentes, cada uno con sus características y atractivos propios. Los países de habla hispana en Centroamérica son: Guatemala, el Salvador, Honduras, Nicaragua, Costa Rica y Panamá. Colón pisó tierra centroamericana en su cuarto viaje cuando desembarcó en la costa de lo que hoy es Honduras.

En el siglo IX el imperio de los mayas, que ocupaba gran parte de la América Central, empezó a decaer. Es probable que esto se debiera a que los mayas empezaron a sufrir reveses a manos de otras tribus, como los toltecas, los pipiles y los misquitos. Cada tribu era independiente y vivía aislada en su propio territorio. A la llegada de los españoles es muy posible que la región ya estuviera dividida. Durante la colonia fue escenario de muchas rivalidades entre los conquistadores y cuando éstos se dieron cuenta de que no iban a encontrar los tesoros de México y Perú se dirigieron a otras áreas, lo cual ocasionó que la región nunca se colonizara de forma sistemática.

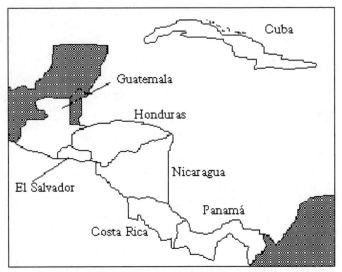

En 1821, después de la proclamación de la independencia mexicana, las Provincias Unidas de Centro de América declararon su independencia, pero las rivalidades y ambiciones locales condujeron a la guerra civil que puso fin a este intento de unión. Desde entonces, los países centroamericanos han estado divididos y dominados por los Estados Unidos.

Vocabulary

paisaje, *m*	landscape
gente, *f*	people
decaer	to decline
revés, *m*	defeat
se dieron cuenta *(darse)*	realised
se dirigieron *(dirigirse)*	went to
puso fin *(poner)*	put an end
intento, *m*	attempt

Guatemala

El territorio guatemalteco es predominantemente montañoso y volcánico. Aunque sólo hay dos volcanes activos, los terremotos y la actividad volcánica han jugado un papel importante en la historia y el paisaje del país. En 1773 un sismo destruyó la capital colonial, Antigua. En 1917 la nueva capital, Guatemala, fue completamente destruida. El terreno volcánico, de otra parte, junto con una abundancia de agua, hacen de Guatemala el país más fértil de la región. Debido a esto, su economía está casi totalmente basada en la agricultura, cuyos principales productos son el café y el banano. Los lagos de Guatemala, especialmente el Atitlán, el Amatitlán y el Izabal son no sólo un importante recurso natural, sino también áreas de gran belleza.

Guatemala fue el centro de la civilización maya, la más avanzada de la América precolombina, cuyos conocimientos matemáticos, astronómicos y arquitectónicos contrastan con el extraño hecho de que no conocieron la rueda. Los mayas dejaron numerosos vestigios de su civilización, muchos de los cuales han sido excavados. El principal de éstos es Tikal, en el norte del Guatemala, que cubre un área de 15 kilómetros cuadrados y contiene más de 3.000 estructuras, entre las cuales se cuentan una gran pirámide, plazas y monumentos.

Ruinas mayas de Tikal

Vocabulary

guatemalteco, *m*	Guatemalan
terremoto, *m*	earthquake
sismo, *m*	earth tremor
junto con	together with
debido a esto	owing to this
vestigio, *m*	vestige, remnants

El Salvador

El Salvador es el más pequeño de los países centroamericanos, el más densamente poblado y el único sin costas en el Océano Atlántico. Tiene una población homogénea y uniformemente distribuida por todo el país.

Al igual que en los otros países del área, la principal industria en el Salvador es la agricultura. Más del 60% de la tierra está dedicada al cultivo, el cual ocupa al 75% de la población. El principal producto salvadoreño de exportación es el café. Para asegurarse un buen futuro, es necesario que la economía salvadoreña se diversifique y así no siga dependiendo exclusivamente de un sólo producto que la hace esclava de las fluctuaciones del mercado internacional.

John Bangma, Nat. Audubon Soc./Photo Researchers, Inc.
©Microsoft Corporation, 1994
Volcán Santa Ana

Por encontrarse en una zona de actividad sísmica, el Salvador ha experimentado frecuentes terremotos y erupciones volcánicas causadas por su principal volcán, el Santa Ana, de 2.385 m de altura.

Vocabulary

al igual que	like
cultivo, *m*	farming
ocupa *(ocupar)*	employs
asegurarse	ensure
se diversifique *(diversificarse)*	diversify
dependiendo *(depender)*	depending

Exercise 7.2

Complete the following statements with the appropriate word:

Tikal, sismos, guerra civil, rueda, oro, decadencia, El Salvador, agua, desembarcó

1 En su cuarto viaje Colón ___ en Honduras.
2 El principal objetivo de los conquistadores fue encontrar ___.
3 En 1821 la ___ terminó con la unión de los países centroamericanos.
4 Guatemala es muy fértil en parte debido a que tiene ___ en abundancia.
5 El principal vestigio de la civilización maya en Guatemala es ___.
6 A pesar de su avanzada civilización, los mayas no conocieron la ___.
7 ___ es el más pequeño de los países centroamericanos.
8 El Salvador está en una zona que sufre muchos ___.
9 A la llegada de los españoles a América Central los mayas estaban en ___.

Honduras

Honduras se destaca por su riqueza forestal, la cual produce gran variedad de maderas finas. Se cree que Cristóbal Colón le dio a la región el nombre de Honduras por la profundidad de las aguas alrededor de las costas. La mayoría de la población hondureña vive de la agricultura, y el banano constituye más del 50% de las exportaciones. También se cultivan el café, la caña de azúcar y el maíz. Como en la época de los Mayas, el maíz continúa siendo el principal alimento para la mayoría de la población.

Debido al mejoramiento de las condiciones sanitarias, la

©Microsoft Corporation, 1994

Campesino hondureño en su maizal

población está bien distribuida, aunque un gran número de sus habitantes vive en la capital, Tegucigalpa. La moneda hondureña es el Lempira, en honor a su más famoso cacique, quien ocasionó muchas derrotas a los españoles y quien, como otros líderes indios, fue traicionado y asesinado por los conquistadores.

Vocabulary

forestal	timber (*adj.*)
madera, *f*	wood, timber
mejoramiento, *m*	improvement
hondureña, *f*	Honduran
cacique, *m*	chieftain
derrota, *f*	defeat
líder, *m*	leader

Nicaragua

Por sus lagos y ríos, Nicaragua fue y aún sigue siendo la ruta
alterna para la construcción de un segundo canal interoceánico
en Centroamérica.

©Microsoft Corporation, 1994
Vista de Managua

Nicaragua también es famosa por sus volcanes y por su frecuente
actividad sísmica, la cual ha ocasionado la destrucción de la
capital, Managua, en más de una ocasión.

La mayoría de la población nicaragüense vive en la costa pacífica,
alrededor de los lagos Nicaragua y Managua y se ocupa
principalmente de la agricultura y la ganadería. Los principales
productos son el café, el algodón y la carne.

El nombre de Nicaragua parece derivarse del la palabra azteca
nec, que significaba guerrero valiente, y de *aguaraco,* nombre de
las tribus que ocuparon parte del país.

Una figura nicaragüense importante fue Rubén Darío, nombre de
pluma de Félix Rubén García Sarmiento, quien desarrolló e
impulsó el modernismo en la poesía española, no sólo en
Hispanoamérica, sino también en España.

Vocabulary

ruta alterna, *f*	alternative route
ha ocasionado *(ocasionar)*	has caused
ganadería, *f*	cattle breeding
algodón, *m*	cotton
carne, *f*	beef
nicaragüense	Nicaraguan

Exercise 7.3

Rewrite these sentences replacing the words underlined with an appropriate expression from the list provided and changing the form of other words, if necessary.

por mucho tiempo, indios, la capital, mayor recurso, lírico, terremotos, cacique

1 La <u>riqueza</u> de Honduras son sus maderas.
2 El Lempira debe su nombre a un <u>líder</u> indio.
3 El maíz ha sido el alimento principal de los hondureños <u>desde la época de los mayas</u>.
4 La mayoría de la población hondureña vive en <u>Tegucigalpa</u>.
5 Managua ha sido destruida varias veces por la <u>actividad sísmica.</u>
6 Aguaraco es el nombre de las <u>tribus</u> que ocuparon parte de Nicaragua.
7 Rubén Darío fue un <u>poeta</u> distinguido.

Costa Rica

Costa Rica no es muy diferente en aspecto físico a los otros países centroamericanos. La selva tropical ocupa casi la mitad del territorio y es fuente de maderas finas como el cedro y de una

©Microsoft Corporation, 1994
Típica vegetación costarricense

gran variedad de orquídeas. La principal industria es la
agricultura, cuyos principales productos son el café, el banano y
el cacao. Se espera que el turismo, y especialmente el ecoturismo,
contribuya en gran medida a la economía costarricense en los
próximos años.

La población de Costa Rica es una de las más educadas de la
región, con un nivel de alfabetismo de más del 85%. Se dice que
en Costa Rica hay más maestros que soldados, pues a más de no
haber ejército, la proporción de maestros a alumnos es bastante
alta.

Muy cerca del volcán Turrialba se encuentra el Monumento
Nacional del Guayabo, el principal sitio arqueológico de Costa
Rica. Las excavaciones han revelado un complicado sistema de
vías, acueductos y aceras, así como escaleras, tumbas, esculturas
y plataformas circulares. Los arqueólogos creen que la ciudad
existió desde el año 1000 a.C. hasta el 1400 d.C. y que tuvo cerca
de 10.000 habitantes. Las ruinas cubren cerca de 210 hectáreas,
de las cuales solo 50 han sido excavadas.

Muchos artefactos incluyendo piezas de alfarería y campanas de
oro, se exhiben en el Museo Nacional de San José. Nadie sabe
qué le sucedió a la civilización del Guayabo y este enigma añade
misterio a la paz del bosque que circunda las ruinas. En este sitio
tan tranquilo, se puede uno olvidar de las complicaciones y
preocupaciones de la vida moderna.

Vocabulary

es fuente	is the source of
cedro, *m*	cedar
en gran medida	to a great extent
costarricense	Costa Rican
alfabetismo, *m*	literacy
proporción, *f*	ratio
vías, *f*	roads
acueducto, *m*	water works
aceras, *f*	pavements, sidewalks
escalera, *f*	staircase
artefacto, *m*	object, artefact
alfarería, *f*	pottery
campana de oro, *f*	golden bell
añade *(añadir)*	adds
circunda *(circundar)*	surrounds
se puede uno olvidar	one can forget

El Canal de Panamá

Panamá se conoce como el país del Canal. El istmo de Panamá siempre había sido una ruta importante entre los Océanos Pacifico y Atlántico, pero los españoles, por temor al bloqueo de los piratas ingleses, nunca se atrevieron a construir un canal.

Cuando en 1848 los norteamericanos ocuparon California, se hizo aún más urgente la construcción de un canal y con este propósito se formó una compañía presidida por el gran ingeniero francés Fernando de Lesseps, constructor del Canal del Suez.

En 1881 Lesseps llegó a Panamá para dirigir la construcción del Canal. Seis años más tarde habían muerto unos cincuenta mil trabajadores, se había excavado más tierra de la que se removió para hacer el Canal del Suez, se había gastado todo el dinero de la compañía francesa, pero no se había construido mucho.

A pesar del fracaso de los franceses, en 1904 los norteamericanos empezaron otra vez la construcción encontrando las mismas dificultades: enfermedades tropicales tierra blanda que se caía a cada momento y condiciones de vida muy primitivas. Pero, gracias al trabajo de dos hombres, los norteamericanos terminaron el proyecto: el coronel Gorgas, quien eliminó casi por completo la fiebre amarilla de la Zona del Canal, y el coronel

©Microsoft Corporation, 1994
Barco entrando al Canal de Panamá desde el mar Caribe

Goethal, ingeniero del ejército norteamericano, quien inventó la maquinaria para excavar y transportar millones de toneladas de tierra. El Canal, que se inauguró en 1914, costó muchas vidas y 365 millones de dólares, cinco veces más que el Canal del Suez.

El Canal cruza el istmo por su parte más estrecha, tiene 82 kilómetros de largo y se encuentra en la Zona del Canal, territorio que se extiende 8 kilómetros a cada lado del Canal y que será administrado por los Estados Unidos hasta el año 2000, cuando es probable que vuelva a manos panameñas.

Vocabulary

istmo, *m*	isthmus
por temor	for fear
con este propósito	for this purpose
se formó *(formarse)*	was formed
presidida *(presidir)*	presided, headed
fracaso, *m*	failure
tierra blanda, *f*	soft soil
se caía *(caerse)*	fell
maquinaria, *f*	machines
se inauguró *(inaugurarse)*	opened
cruza *(cruzar)*	crosses

Exercise 7.4

Answer the following questions in Spanish:

1 ¿De qué actividad espera Costa Rica generar ingresos en el futuro?
2 ¿Por qué se dice que la población de Costa Rica es la más educada de América Central?
3 ¿Durante cuántos siglos se cree que existió la ciudad excavada en el Monumento Nacional del Guayabo?
4 ¿Qué le pasó a la civilización del Guayabo?
5 ¿Quién construyó el Canal del Suez?
6 ¿Por qué los españoles no construyeron un canal?
7 ¿Qué hizo el coronel Gorgas para ayudar a la terminación del Canal?
8 ¿Cuándo se terminó el Canal?

Explanatory notes

1 Verb + preposition + noun

English verbs often take similar prepositions to their Spanish equivalents in front of their noun objects.

condujeron a la guerra civil	led to civil war
exponerse a	to be exposed to

More often they take prepositions when their Spanish equivalents take none, and vice versa.

apoderarse de	to seize
pasar de	to exceed

Here is a list of Spanish verbs requiring a preposition, when their English equivalents don't:

abusar de	to misuse
acercarse a	to approach
acordarse de	to remember
asistir a	to attend
burlarse de	to mock
disfrutar de	to enjoy
enterarse de	to learn, find out
faltar a	to break (one's words, promises
fiarse de	to rely on
fijarse en	to notice
gozar de	to enjoy
olvidarse de	to forget
parecerse a	to resemble
recordar a	remember (someone)
renunciar a	to renounce
salir de	to leave
servirse de	to use
tirar de	to pull

Conversely, the following Spanish verbs do <u>not</u> require the prepositions of their English equivalents:

agradecer	to be grateful for
aguantar	to put up with
aprovechar	to take advantage of
buscar	to look for
escuchar	to listen to
lamentar	to be sorry about
mirar	to look at
pagar	to pay for
sentir	to be sorry about

Exercise 7.5

Insert a preposition if required in the following sentences:

1　Ha faltado __ su palabra y resiste __ toda crítica.
2　Fíjate bien __ lo que te digo y no te olvides __ cumplirlo.
3　Disfruten __ la naturaleza y no abusen __ ella.
4　Agradezco __ tu colaboración; me fío __ ti totalmente.
5　Cuando escucha __ esta canción, recuerda mucho __ su padre.
6　Siento __ la muerte de su padre; siempre me acordaré __ él.
7　No te fíes __ nadie y aguanta __ todo sin quejarte.
8　Salió __ su habitación y entró __ la de Juan.
9　Miren __ el libro y escuchen __ la cinta.
10　Me acerqué __ la caja y pagué __ la cuenta.

2　The subjunctive after verbs/expressions of doubt

Study the following examples:

Dudo que <u>venga</u>.
I doubt he'll come.

No parece que <u>vaya</u> a llover.
It doesn't look like rain.

Es increíble que <u>haya</u> <u>dicho</u> eso.
It's incredible that <u>he</u> should have said that.

But if the doubt is negated, the verb reverts back to the indicative, since what follows is certain:

No dudo que <u>vendrá</u>.
I don't doubt he'll come.

Es obvio que <u>va</u> a llover.
It looks like rain.

Es verdad que <u>dijo</u> eso.
It's true he said that.

3 After verbs of thinking/saying used negatively or interrogatively

Study the following examples:

No creo que <u>vaya</u> a nevar.
I don't think it'll snow.

No me imagino que él <u>sepa</u> la verdad.
I can't imagine he knows the truth.

¿Piensan que tu vecino <u>sea</u> culpable?
Do they think your neighbour is guilty?

¿Insinúan que yo <u>sea</u> mentiroso?
Are they saying I'm a liar?

But when the main verb has a positive sense, the subordinate verb is in indicative, since what follows is seen as a definite fact:

Estamos convencidos de que la <u>quieres</u>.
We're convinced that you love her.

Te digo que <u>se casaron</u>.
I'm telling you they got married.

Estoy seguro de que <u>viene</u>.
I'm sure he's coming.

And after the negative imperative of a verb of thinking or saying, the indicative is used:

No creas que <u>soy</u> tonto.
Don't think I'm a fool.

¡No me digas que te <u>casaste</u>!
Don't tell me you got married!

The indicative is used after verbs of thinking interrogatively, if the statement that follows has a high probability of being true. Compare:

¿Crees que el viaje <u>es</u> largo?
Do you think the trip will be long?

¿Crees que el viaje <u>sea</u> largo?
Do you think the trip may be long?

4 After expressions which contradict the statement that follows

Study the following examples:

> **<u>No</u> <u>es</u> <u>que</u> no te <u>quiera</u>.**
> It's not that he doesn't love you.

> **Lo hice, <u>no</u> <u>porque</u> <u>seas</u> mi amigo.**
> I did it not because you're my friend.

> **Lo hiciste <u>sin</u> <u>que</u> te <u>ayudase</u>.**
> You did it without my helping you.

Exercise 7.6

Put the infinitive into the correct verb form:

1 No es que yo la (considerar) antipática.
2 Se quieren mucho, y no porque las dos (ser) gemelas.
3 Lo hizo sin que nadie (darse cuenta).
4 No fue que no (querer) venir.
5 No pienses que (ser) cierto.
6 Creo que Pedro no (venir) a la fiesta.
7 Parecía que (ir) a nevar.
8 Me imagino que tú (sacar) buenas notas.
9 No es cierto que yo te (haber mentido).
10 Yo no creo que ellos me (poder) vigilar todo el tiempo.

Listening Exercise

Conversación con un funcionario de inmigración

Funcionario:	Buenas tardes.
Sam Jones:	Buenas tardes.
Funcionario:	¿Cuánto tiempo piensa quedarse en Guatemala?
Sam Jones:	Tres meses, espero. Quiero asistir a un curso de español en Antigua y es posible que me quede un trimestre. Ya me matriculé por dos

	meses, pero me han dicho que quizá necesite cuatro semanas más de clase.
Funcionario:	¿Y Ud. ya pagó el curso?
Sam Jones:	Sí, aquí está el recibo.
Funcionario:	¿Tiene su billete de regreso ya comprado?
Sam Jones:	Sí.
Funcionario:	¿Me permite verlo?
Sam Jones:	Tenga. No dudo que todo está en orden.
Funcionario:	Sí, muy bien. Y ¿dónde va a alojarse?
Sam Jones:	No estoy seguro, pero tal vez nos alojan con familias guatemaltecas.
Funcionario:	¿Ha traído suficiente dinero para pagar el alojamiento y otros gastos?
Sam Jones:	Tengo cinco millones de quetzales y existe la posibilidad de que mis padres me manden más a través del banco el mes que viene.
Funcionario:	Bueno, le voy a dar una visa para cuatro meses. A lo mejor decida pasear un poco.
Sam Jones:	Estupendo. Muchas gracias.
Funcionario:	De nada. ¡Qué disfrute su estadía en Guatemala!
Sam Jones:	Gracias. Adiós.

Vocabulary

asistir	to attend
me matriculé *(matricularse)*	enrolled, registered
mandé *(mandar)*	sent
plaza, *f*	place
billete de regreso, *m*	return ticket
alojarse	to lodge, to stay
alojamiento, *m*	lodgings
pasear	to go sight-seeing
estadía, *f*	stay

Exercise 7.7

Answer the following questions in Spanish:

1 ¿Cuántos meses más de clase cree Sam que va a necesitar?
2 ¿Dónde se va a quedar?
3 ¿Cuánto dinero ha traído?
4 ¿Cuánto tiempo le dan de visa?
5 ¿En qué ciudad es el curso?

Chapter 8

Colombia y Venezuela

*In this chapter you are going to practise the neuter **lo**, use of the passive with **se** and reflexive verbs.*

Reading

Colombia

Colombia se conoce como 'la puerta de Suramérica' por su situación en la esquina noroeste del

¿Sabía Ud. que...?

- Colombia y Venezuela junto con Ecuador formaron un país independiente, la Gran Colombia, hasta 1830.

- Venezuela significa 'pequeña Venecia' y se le llamó así porque los primeros exploradores encontraron en el lago Maracaibo chozas construidas sobre pilotes de madera (palafitos) las cuales les recordaban la ciudad de Venecia.

- Colombia es el único país que honra con su nombre a Colón, el descubridor de América.

subcontinente, enclavada entre Panamá y el océano Pacífico al occidente, el mar Caribe al norte, Venezuela y Brasil al oriente, Perú y Ecuador al sur.

Tiene una superficie de 1.138.910 km^2 y es el único país suramericano con costas en los océanos Pacífico y Atlántico. En el norte del Ecuador y el sur de Colombia los Andes se dividen en tres ramas que se extienden hasta Venezuela. La topografía en esta parte del país es muy accidentada: montañas muy elevadas, muchas de ellas volcanes, cubiertas de nieves perpetuas, que se intercalan con valles muy profundos. El oriente del país se caracteriza por la presencia de terrenos muy bajos y planos (los llanos) y el sur hace parte del bosque tropical húmedo amazónico.

Colombia posee casi la mitad de todas las reservas de carbón conocidas en Latinoamérica y sus montañas son muy ricas en minerales preciosos - oro, platino, y esmeraldas. Las esmeraldas colombianas son famosas en todo el mundo por su belleza y alta calidad. Así como el petróleo constituye la riqueza principal de Venezuela, el primer producto colombiano es el café, que representa para Colombia el quince por ciento del mercado mundial.

Food & Agric. Org. of the United Nations
© Microsoft Corporation 1994
El café colombiano

Colombia es el segundo productor mundial de café después de Brasil. El café lleva dos siglos cultivándose en Colombia, desde fines del siglo XVIII cuando se importaron las primeras semillas de las Antillas Francesas. Hoy día los cafetales se extienden por aquellas zonas que reúnen las condiciones climáticas adecuadas, en las laderas de la cordillera central. Sin embargo, como más de la mitad del país está cubierto de bosques y selvas, solamente una proporción muy reducida del territorio, alrededor del dos por ciento, está dedicada a este cultivo. Lo mejor del café colombiano es su aroma y suavidad.

Vocabulary

esquina, *f*	corner
enclavada entre	bordered by

se dividen *(dividirse)* en tres ramas	split into three branches
se extienden *(extenderse)* hasta	they reach as far as
muy accidentada	very rugged
nieve perpetua, *f*	permanent snow
se intercalan *(intercalar)*	alternate
llano, *m*	plains
hace *(hacer)* parte de	is part of
bosque tropical húmedo, *m*	tropical rain forest
carbón, *m*	coal
lleva dos siglos cultivándose	has been grown for two centuries
cafetal, *m*	coffee plantation
ladera, *f*	hillside

Exercise 8.1

Complete the following sentences.

1 Por estar situada en la esquina noroeste de Suramérica a Colombia se le llama ___.

2 Colombia debe su nombre a ___.

3 Los llanos colombianos se encuentran al ___ del país.

4 Colombia, Venezuela y Ecuador formaron ___.

5 Entre los minerales, el más abundante en Colombia es ___.

6 El ___ es el primer producto colombiano de exportación.

7 Alrededor del ___ del territorio colombiano está dedicado al cultivo de café.

Venezuela

Venezuela está dividida en cuatro partes: El occidente, dominado por la cordillera de los Andes; el norte, dominado por la cordillera de la costa; los llanos - la extensa llanura regada por el río Orinoco - y el sur, que se conoce como el Macizo o Escudo Guayanés, caracterizado por unas formaciones geológicas muy antiguas. En las tres primeras vive la mayoría de los habitantes - la Venezuela de hoy. La de mañana queda al sur - en el Territorio Federal Amazonas y el Estado Bolívar, ambos muy escasamente poblados.

Por su extensión (912.050 km²) ocupa el sexto lugar entre los países suramericanos. Venezuela es conocida en el mundo por sus vastos recursos petrolíferos. Caracas, la capital, es una ciudad

moderna que posee excelentes vías de comunicación y de
transporte y ofrece tanto a caraqueños como a visitantes
innumerables atracciones, entre las cuales se cuentan
instituciones culturales y artísticas, estadios deportivos, teatros,
salas de exhibiciones y muchas otras. Lo interesante de Venezuela
es que ofrece algo atractivo a cada persona.

Vocabulary

cordillera, *f*	mountain range
regada	irrigated
queda *(quedar)*	is located
ambos	both
escasamente	thinly, sparsely
poblados	populated
recursos petrolíferos, *m*	oil resources
caraqueño, *m*	from Caracas
se cuentan *(contarse)*	include

El Salto Angel

En el Macizo Guayanés se encuentran antiquísimas formaciones
rocosas, alfombradas por una densa vegetación selvática, en la
que abunda una gran variedad de fauna y flora tropicales. Allí se
encuentra el Parque Nacional Canaima, que cuenta con una
superficie aproximada de treinta mil kilómetros cuadrados, lo
que lo sitúa entre los seis parques nacionales más grandes del
mundo. En medio de este parque nacional se elevan inmensas

©Microsoft Corporation
El Salto Angel

formaciones rocosas llamadas *tepuyes*, caracterizadas por su forma de meseta y por su escarpadas faldas por las que se desbordan muchas cascadas, entre las cuales sobresale el Salto Angel, llamado *Churún-Merú* en una de las lenguas indígenas de la región.

El Salto Angel, de una altura de 980 metros (cinco veces más alto que las Cataratas del Niágara), es la caída de agua más alta del mundo y debe su nombre a Jimmy Angel, aviador estadounidense, que aterrizó forzosamente en su cumbre en 1937. En esta región tan remota e inaccesible, de singular y excepcional belleza, de características geográficas únicas y una de las áreas geológicas más antiguas del mundo, basó Conan Doyle su novela 'Viaje al fin del mundo.'

Vocabulary

macizo, *m*	massif
se encuentran *(encontrarse)*	are found

alfombradas	covered
vegetación selvática, *f*	woodland
cuenta con *(contar)*	has
lo sitúa *(situar)*	places it
se elevan *(elevarse)*	raise
meseta, *f*	plateau
escarpadas faldas, *f*	craggy slopes
se desbordan *(desbordarse)*	drop, overflow
sobresale *(sobresalir)*	stands out
cascada, *f*	waterfall
salto, *m*	waterfall
catarata, *f*	waterfall
debe su nombre	owes its name
aviador, *m*	pilot
aterrizó *(aterrizar)* **forzosamente**	crash-landed
cumbre, *f*	summit

El petróleo venezolano

La gran riqueza de Venezuela es el petróleo, que se obtiene principalmente (el 70 por ciento) en la zona del lago Maracaibo. El resto se extrae de varios campos petrolíferos en la zona de los llanos.

En 1918 se les abrieron las puertas a empresas estadounidenses, pero desde 1975 la industria petrolera está nacionalizada y proporciona el noventa por ciento de la renta nacional.

© SoftKey International Inc. 1994
Plataforma de extracción petrolífera

En 1988 Venezuela se convirtió en el cuarto productor mundial
de petróleo. Gracias a este recurso natural, Venezuela ha llegado
a ser uno de los países más desarrollados de Suramérica, con un
gran volumen de comercio exterior. La economía venezolana,
por consiguiente, depende de los mercados extranjeros y del
precio internacional del petróleo. Desde los años ochenta dichos
precios han bajado considerablemente y, al mismo tiempo, el
país ha sufrido un prolongado período de recesión caracterizado
por una alta tasa de inflación y una deuda externa agobiante.

Aunque también se exportan hierro, bauxita, diamantes y oro, la
economía depende casi exclusivamente del petróleo. Sólo el diez
por ciento de la población vive de la agricultura y su
productividad es baja, lo que significa que Venezuela tiene que
importar tres cuartas partes de sus alimentos.

Vocabulary

campo petrolífero, *m*	oil field
renta nacional, *f*	national income
productor mundial, *m*	world producer
ha llegado *(llegar)* a ser	has become
comercio exterior, *m*	foreign trade
por consiguiente	consequently
tasa de inflación, *f*	inflation rate
deuda externa, *f*	external debt
agobiante	grinding

Exercise 8.2

*Rewrite these sentences replacing the words underlined with an
appropriate expression from the list provided and changing the form of
other words, if necessary.*

**la Venezuela del futuro, el Macizo Guayanés, formaciones
rocosas, ingresos, el lago Maracaibo, comida, catarata,
Pequeña Venecia, el petróleo**

1 'Venezuela' significa ___.
2 Venezuela se conoce en el mundo por ___.
3 Los tepuyes son ___.
4 El salto Angel es la ___ más alta del mundo.

138

5 El Territorio Federal Amazonas y el Estado Bolívar son ___.

6 El setenta por ciento del petróleo venezolano se encuentra en ___.

7 El Parque Nacional Canaima está en ___.

8 El petróleo representa el 90% de los ___ venezolanos.

9 Venezuela importa casi el 70% de su ___.

El ecoturismo

Colombia y Venezuela tienen una superficie combinada de más de dos millones de kilómetros cuadrados. Más del 50% del territorio está cubierto de selvas, bosques y sabanas donde la densidad de población no llega a un habitante por kilómetro cuadrado. Esto permite la existencia de flora y fauna extensas, entre las cuales se destaca la variedad de pájaros más grande que se conoce actualmente. Existen mil setecientas especies, el doble de las que se encuentran en Norteamérica. Entre las aves más vistosas vale la pena mencionar el guacamayo, el colibrí, el tucán, el pájaro carpintero y el águila real.

También hay una gran abundancia de mamíferos, reptiles y

© SoftKey International, Inc. 1993
El tucán

peces, entre los cuales se destacan culebras, caimanes, armadillos, osos hormigueros, venados, monos, y muchos otros.

Este extraordinario ecosistema lo comparten treinta mil plantas florales, entre ellas 1.500 variedades diferentes de orquídeas, que son polinizadas por, entre otras, cientos de arañas y mariposas. Se cree que muchas de estas plantas no han sido aún clasificadas.

En los últimos años, gracias a la influencia del movimiento ecológico, a la necesidad de atraer inversión y divisas y en respuesta a la demanda de los turistas por lugares exóticos y distantes, se ofrecen viajes 'verdes', que tienen como propósito acercar al visitante a la naturaleza y brindarle la oportunidad de conocer y estudiar una pequeña parte del bosque tropical húmedo y del llano. El ecoturismo es muy diferente al turismo de 'sol y mar': las comodidades de la vida moderna que son tan importantes en éste último, se sacrifican por el contacto con la naturaleza y la apreciación de su variedad de formas de vida. Es todavía un turismo naciente y para los más osados, pero se cree que va a tener un crecimiento rápido en los próximos años.

La idea del ecoturismo, de otra parte, no es nueva. Los parques naturales y las zonas de reserva ya se han establecido en otras partes del mundo, especialmente en países grandes como los Estados Unidos, Canadá y Australia, donde existe la tradición por la conservación de la naturaleza. Otros países como España, la Gran Bretaña y Francia han seguido este ejemplo. Pero a diferencia de los ecoturistas que van a Colombia y Venezuela, los que visitan Yosemite o Doñana, no esperan encontrar animales exóticos ni tribus aborígenes.

© SoftKey International, Inc., 1993
Orquídea

Vocabulary

bosque, *m*	forest
especie, *f*	variety
ave, *f*	bird
vistosa	colourful
guacamayo, *m*	macaw
colibrí, *m*	humming bird
tucán, *m*	toucan
pájaro carpintero, *m*	woodpecker
águila real, *f*	golden eagle
oso hormiguero, *m*	ant eater
venado, *m*	deer
mono, *m*	monkey
divisa, *f*	foreign exchange
acercar	to bring nearer
brindarle *(brindar)*	to offer
naciente	emerging
osado	daring
crecimiento, *m*	growth
zonas de reserva, *f*	natural reserve
tribu, *f*	tribe

Exercise 8.3

*State whether each of the following statements is true (**verdadero**) or false (**falso**):*

1 Más de un millón de kilómetros cuadrados en el territorio colombo-venezolano están cubiertos de selvas, bosques y sabanas.
2 En Colombia y Venezuela hay tantas aves como en Norteamérica.
3 En Venezuela y Colombia hay 1.500 variedades de orquídeas.
4 El ecoturismo está tan desarrollado como el turismo de 'sol y mar'.
5 Los 'viajes verdes' tienen como objetivo abrir la selva.
6 En Norteamérica y Europa también se hace ecoturismo.
7 El ecoturismo colombo-venezolano también brinda la oportunidad de conocer animales exóticos y tribus aborígenes.

Explanatory notes

1 Neuter 'lo'

Notice the following uses of **lo**:

Lo interesante de Venezuela.
The interesting thing about Venezuela.

Lo mejor del café colombiano.
The best thing about Colombian coffee.

Lo barato sale caro.
Cheap things turn out dear ultimately.

Lo mío es mío.
What's mine is mine.

Y lo tuyo es de los dos.
And what's yours belongs to both of us.

Lo mismo opino yo.
I think the same.

Lo mejor es callarme.
The best thing for me is to keep silent.

Lo importante es no caer.
The important thing is not to fall.

Lo antiguo no es malo.
Old things are not bad.

Lo desconocido da miedo.
One is afraid of the unknown.

Siento mucho lo ocurrido.
I'm very sorry for what has happened.

A lo hecho, pecho.
What's done is done.

- In indirect questions **lo** + adjective + **que** + verb translates how + adjective:

  No sabes lo disgustado que estoy.
  You don't know how angry I am.

  Me contó lo difícil que fue.
  He told me how difficult it was.

The adjective may be substituted by an adverb:

  Me gusta lo despacio que vas.
  I like how slowly you're going.

  No saben lo lejos que estás.
  They don't know how far you are.

- **lo de** means 'the matter of' or 'the business of':

  Lo de la hipoteca me tiene preocupado.
  The business of the mortgage worries me.

  No entiendo lo del Pacto Andino.
  I do not understand about the Andean Pact.

  Se me olvidó lo de tu carta.
  I forgot about your letter.

  Me reí al oír lo del gato.
  I laughed when I heard about the cat.

- **lo que** means 'that which' or 'what':

  No entiendo lo que dices.
  I don't understand what you're saying.

  Todo lo que tengo es tuyo.
  All I have is yours.

  Lo que pasa es que no hay dinero.
  What happens is that there's no money.

  María no puede aceptar lo que se decidió en su ausencia.
  Maria cannot accept what was decided in her absence.

  El color no es lo que más me gusta.
  What I like most is not the colour.

2 The pronouns 'el de', 'las de', 'los de', 'las de' and 'el que', 'la que', 'los que', 'las que'

- **El, la, los, las + de** is used to denote possession with unstated nouns:

  Me gusta tu coche, pero no el de Pedro.
  I like your car, but not Pedro's.

  Tengo mi cámara, pero no la de Esperanza.
  I have my camera, but not Esperanza's.

  Las historias de tu abuela son mejores que las de tu tío.
  Your grandmother's stories are better than your uncle's.

  Estos cuentos y los de García Márquez son para leerlos con calma.
  These short stories and Garcia Marquez's are to be read slowly.

- Or geographically/historically related:

  Las catedrales no suelen gustarme, pero la de Sevilla sí.
  I don't usually like cathedrals, but I do like Seville's.

  La Venezuela de ayer y la de hoy.
  Venezuela past and present. (Yesterday's Venezuela and today's.)

- Or simply notionally related:

  Hablo la lengua de Cervantes, pero no la de Shakespeare.
  I speak the language of Cervantes, but not <u>that</u> <u>of</u> Shakespeare.

- With **que** and a clause the pronouns mean 'he / she / those who / those which':

  Los que trabajan aquí ganan bien.
  <u>Those</u> <u>who</u> work here are well paid.

  El que tiene caridad siempre tiene algo que dar.
  <u>He</u> <u>who</u> has charity always has something to give.

  Las buenas madres son las que se sacrifican por sus hijos.
  Good mothers are those who sacrifice themselves for the sake of their children.

  La que dijo eso fue mi madre.
  (She) <u>who</u> said that was my mother.

Exercise 8.4

Fill the gap with the appropriate form **(el que, lo de, lo que, la que, los de, los que, las que, lo)**:

1 ___ tienes que hacer es acostarte temprano y dejar de pensar en tu problema.
2 Es ella ___ tiene que hacerlo, no yo.
3 No sé ___ va a pasar cuando mi padre se entere.
4 ¿Son éstos tus libros o ___ tu amiga?
5 No te burles del hombre con ___ voy a casarme pronto.
6 Tenemos ___ necesario.
7 Lamento ___ te dije - discúlpame, por favor.
8 La cama en ___ ella duerme no es muy cómoda.
9 La dama por ___ Don Quijote hacía todo se llamaba Dulcinea.
10 Fue mi amigo ___ regresó tarde anoche.

144

3 The passive voice with 'se'

In Spanish the passive voice can be expressed with **se** + verb. This is most common with the third person singular and plural. Look at the following examples:

> **Colombia se conoce como 'la Puerta de Suramérica'.**
> Colombia is known as 'the Gate to South America'.

> **Se ofrecen viajes 'verdes'.**
> 'Green' trips are available.

> **A Uds. se les vio ayer en el parque.**
> You were seen in the park yesterday.

> **El petróleo se obtiene principalmente en el lago Maracaibo.**
> Oil is extracted mainly from Lake Maracaibo.

> **Se exportan hierro, bauxita, diamantes y oro.**
> Iron, bauxite, diamonds and gold are exported.

Notice that the verb agrees in number with the noun:

> **Se habla español.**
> **Se hablan muchas lenguas.**

Exercise 8.5

Read the following recipe and rewrite it changing the infinitives to the **se** *passive form. E.g.:*

Poner en una fuente los pimientos y los tomates.
==> **Se ponen en una fuente los pimientos y los tomates.**

Ensalada de pimientos rojos y tomates asados

Ingredientes para 10 canapés

- 1 kg. de pimientos rojos
- tomates medianos maduros
- dientes de ajo
- 1 huevo duro
- sal y cominos
- 20 g de aceite crudo

Preparación

Poner en una fuente los pimientos y los tomates. Rociarlos con un poquito de aceite crudo y asarlos al horno. Después de asados, dejarlos reposar tapados por una hora y pelarlos. Una vez pelados, picarlos y ponerlos en una sartén con el resto del aceite crudo, el ajo y los cominos (previamente machacados con un poco de sal) y 1/4 de litro de agua. Ponerlos a hervir durante 15 minutos, añadir el huevo duro troceado, y dejarlo hervir por otros 5 minutos.

4 'se' with reflexive and other verbs

Another use of **se** is in the third person of verbs, whether truly reflexive or not. Look at these four truly reflexive verbs:

Ana se miró en el espejo. (mirarse)
Ana looked at herself in the mirror.

El acusado se resignó a cinco años de cárcel. (resignarse)
The accused resigned himself to five years in prison.

El soldado no se mató con su propia pistola. (matarse)
The soldier did not kill himself with his own gun.

Los novios se quieren mucho. (quererse)
The bride and groom love each other very much.

A numbers of Spanish verbs exist in pairs where the **-se** ending conveys a different meaning from the basic one.

Bogotá queda en una meseta.
Bogota is located on a plateau.

María nunca se ha quedado en Caracas.
Maria has never stayed in Caracas.

¿Ha puesto Ud. la carta en el buzón?
Have you put the letter in the letter-box?

¿Se va Ud. a poner los zapatos nuevos hoy?
Are you going put on your new shoes today?

Other verb pairs in this category are: **levantar / levantarse** (lift / get up), **ir / irse** (go / go away), **estar / estarse** (be / stay), **parar / pararse** (stop / stand up), **conducir / conducirse** (drive / behave oneself), **quitar / quitarse** (take away / take off), **acordar / acordarse** (agree / remember), **fijar / fijarse** (fix / take notice).

Other verbs only exist in the **-se** form:

> **¡Deje de quejarse!**
> Stop complaining!

> **El alcalde nunca se arrepentirá de su decisión.**
> The major will never regret his decision.

Other verbs in this category are: **jactarse** (to boast), **abstenerse** (to abstain), **atreverse (to** dare), **rebelarse** (to rebel.)

Exercise 8.6

*Read the advertisement, identify the uses of **se**, list them and translate them.*

**PARA QUE SU IMAGINACION
SE ESCAPE A OTRA EPOCA.**

¿Le apetece relajarse y descubrir rincones perdidos en el tiempo? ¡Anímese! Iberia Hobby lo facilita todo: Para empezar, la calidad de un vuelo de Iberia. Durante sus siete noches en Cartagena de Indias, diviértase de lo lindo: disfrute de un magnífico hotel, descubra callejuelas, plazoletas, claustros, fortificaciones ... una ciudad mágica con recuerdos de piratas y señores de otro tiempo. Y, por la noche el ambiente tropical se adueña de la ciudad. Recorra en lancha las islas de coral del Rosario, contemple su vida submarina ... No se pierda el tour por Santa Marta y el Parque Tairona.

O, si lo desea, escápese al corazón del Caribe, en un vuelo: la Isla de San Andrés le espera ... con el mar esmeralda y el calipso sonando, que le harán recordar estas playas toda una vida.

A partir de ahora, casi por el precio de un vuelo regular, Iberia le organiza unas escapadas hechas a su medida. ¡Incluyendo todo lo que se necesita para huir de la rutina! Y se le ofrece toda la libertad para que usted pueda diseñar su Iberia Hobby como más le apetezca. Escápese de lo habitual. Ahora lo tiene muy fácil. Para que usted sólo tenga que preocuparse de disfrutar al máximo, Iberia Hobby se encarga de todo.

Listening Exercise

Se necesita un carro

Julie Barnes is an English teacher working in Madrid. She plans to go on holiday to Venezuela:

Julie Barnes: Buenos días.

Empleado: Buenos días. ¿En qué puedo servirle?

Julie Barnes: Me interesa ir a Venezuela el mes que viene. Compré mi billete de ida y vuelta aquí la semana pasada.

Empleado: Ah, sí - me acuerdo. Fue a nombre de la Señora Barnes, ¿no? Fui yo el que se lo vendió.

Julie Barnes: Exactamente. ¿Se puede alquilar el coche a través de VIASA?

Empleado: Sí, trabajamos con Servicar. Aquí tiene Ud. la lista de precios. Todo depende de qué clase de vehículo quiere alquilar. No se alquilan <u>carros</u> pequeños - perdone, allá decimos carros en vez de <u>coches</u>. Y todos vienen con aire acondicionado.

Julie Barnes: ¿Por cuánto me saldría un Renault 19 por una quincena, con todo incluido?

Empleado: A ver ... Como treinta mil pesetas, con seguros e impuestos incluidos.

Julie Barnes: ¿Y me lo entregan en Maiquetía?

Empleado: Sí, se pueden recoger y entregar, sin costo alguno, en cualquier aeropuerto u hotel del país menos en Guayana y Amazonas.

Julie Barnes: ¿Y qué necesito hacer para alquilar el carro?

Empleado: Tiene que pagar por adelantado. Y se necesitan por lo menos tres años de experiencia en conducir. Ah, sí ... y mínimo veintitrés años de edad.

Julie Barnes:	Bueno. Tengo suficiente edad. Aquí tiene mi licencia.
Empleado:	No, no hace falta enseñar nada aquí, señora. Es allá donde tiene que enseñar la licencia y llevarla consigo siempre que maneje.
Julie Barnes:	¿Y quién paga el aceite y engrase?
Empleado:	La compañía. Lo único que Ud. paga extra es la gasolina. El coche viene con el tanque lleno y Ud. lo tiene que entregar con el tanque lleno también.
Julie Barnes:	Muy bien. ¿Puedo pagar con tarjeta de crédito?
Empleado:	¡Cómo no! Le doy este comprobante, y al llegar allá, Ud. se dirige a la oficina de Servicar allí en llegadas. Con este comprobante le entregan las llaves.
Julie Barnes:	Muy bien. Muchas gracias.

Vocabulary

alquilar	to hire
a través de	through, via
¿Por cuánto me saldría?	How much would it cost me?
quincena, *f*	fortnight
seguro, *m*	insurance
impuesto, *m*	tax
entregar	to return
recoger	to pick up
sin costo alguno (coste, *Spain***)**	with no charge,
cualquier aeropuerto	any airport
menos en	except for
pagar por adelantado	to pay in advance
por lo menos	at least
no hace falta	it is not necessary
siempre que maneje (manejar, *LAmerica***)**	whenever you drive
lo único	the only thing
tarjeta de crédito, *f*	credit card
comprobante, *m*	receipt

Exercise 8.7

Answer the following questions in Spanish:

1 ¿Cuándo compró Julie Barnes su billete para Venezuela?
2 ¿Por qué ha regresado a la agencia?
3 ¿De qué depende el precio del alquiler?
4 ¿Qué coche le interesa a Julie Barnes?
5 ¿Dónde podrá ella recoger el coche?
6 ¿Qué pasa si Julie desea recoger el coche en Guayana?
7 ¿Qué condiciones hay que reunir para poder alquilar un coche en Venezuela?
8 ¿Qué hay que hacer antes de devolver el coche?
9 ¿Cómo va a pagar Julie Barnes el alquiler del coche?
10 ¿Qué tendrá que hacer Julie Barnes a su llegada a Caracas?

Chapter 9   Ecuador, Perú y Bolivia

*In this chapter you are going to practise the use of **el / la cual, los / las cuales; cuyo, -a, -os, -as;** the preposition **de;** and **bastante, suficiente y demasiado.***

Reading

Ecuador

Ecuador debe su nombre a que la línea ecuatorial pasa por el norte del país.

Como la mayoría de los países de Suramérica, Ecuador es un país de variada topografía, en la cual la cordillera andina es el elemento dominante. Los Andes dividen a Ecuador en tres regiones: la costa, al occidente, entre el Pacífico y la rama occidental de la cordillera; la sierra, entre ésta última y la rama oriental, y el oriente, que se extiende desde las laderas de la rama oriental hasta la selva amazónica.

¿Sabía Ud. que...?

- El quechua, el idioma de los incas, es hablado por casi la mitad de la población del Perú y usado como lengua franca en Ecuador, Bolivia, Colombia, Argentina y Chile. En Bolivia y Perú también se habla el aymará, un idioma preincaico.

- Las islas Galápagos, pertenecientes al Ecuador, albergan los animales más antiguos de la tierra: las tortugas.

- El Titicaca, entre Bolivia y Perú, es el lago más grande de Suramérica y el más alto del mundo.

- Cuzco, en Perú, es la ciudad más antigua del continente americano.

En la sierra, una de las regiones volcánicas más grandes del mundo, se encuentran famosos gigantes como el Chimborazo (6.267 m), el Cotopaxi (5.897 m) y el Pichincha (4.701 m), en cuyo entorno se encuentra Quito, la capital.

Las islas Galápagos

@ Microsoft Corporation, 1994

Las islas Galápagos

A 1.050 km de la costa ecuatoriana, en el océano Pacífico, se encuentra un grupo de quince islas y cientos de islotes también conocidos como el archipiélago Colón, los cuales se encuentran sobre el ecuador o muy cerca de él. Las islas llevan el nombre de las tortugas gigantes que habitan algunas de ellas, junto con una variedad de animales singulares, entre los cuales se incluyen iguanas, ciento veintiocho especies de aves (paiños, alcatraces, cormoranes, pelícanos, gaviotas, las catorce especies diferentes de pinzones de Darwin y muchos más), setenta y siete de las cuales son únicas en el mundo.

Las islas estaban deshabitadas cuando los españoles las descubrieron en 1535. Durante los siglos XVI y XVII fueron refugio y despensa de piratas y bucaneros. En el siglo XIX las Galápagos fueron punto de descanso para los buques balleneros de los Estados Unidos y la Gran Bretaña. Varios intentos de colonización fracasaron a principios de este siglo hasta 1832, cuando el archipiélago fue anexado a Ecuador. Darwin visitó la isla en 1835 y sus hallazgos contribuyeron a confirmar su teoría

de la evolución. Desde 1967 existe en el archipiélago una estación
rastreadora de satélites.

Vocabulary

sierra, *f*	mountains
ladera, *f*	mountain side
entorno, *m*	surroundings
cientos	hundreds
islote, *m*	rocky island
paiño, *m*	petrel
alcatraz, *m*	gannet
gaviota, *f*	seagull
pinzón, *m*	finch
deshabitadas	uninhabited
despensa, *f*	larder
punto de descanso, *m*	resting point
buque ballenero, *m*	whaling ship
intento, *m*	attempt
fracasaron *(fracasar)*	failed
hallazgo, *m*	finding
estación rastreadora de satélites, *f*	satellite tracking station

Exercise 9.1

*Rewrite these sentences replacing the words underlined with an
appropriate expression from the list provided and changing the form of
other words, if necessary.*

**descubiertas, las tortugas gigantes, se apoderó, Andes,
aves, preincaico, visita, el archipiélago Colón, Pichincha**

1   El aymará es un idioma ___.
2   El volcán ___ está cerca de Quito.
3   Los ___ dominan la topografía del Ecuador.
4   Las islas Galápagos también se llaman ___.
5   Lo más característico de las islas Galápagos son ___.
6   En las islas hay setenta y siete especies de ___ únicas.
7   En 1832 Ecuador ___ de las islas Galápagos.
8   Las islas Galápagos fueron ___ por los españoles.
9   La ___ de Darwin a las Galápagos le ayudó a confirmar su
    teoría de la evolución.

Perú

Perú es el tercer país hispanoamericano en extensión después de Argentina y México. El país presenta una geografía muy irregular y accidentada, la cual da lugar a muchos contrastes físicos: largas cordilleras, elevadas montañas, altiplanos, profundos valles, desiertos y selvas vírgenes. El paisaje, sin embargo, está dominado por los Andes, los cuales dividen al país en tres áreas distintas: la costa, la sierra y la selva.

La costa peruana se encuentra entre la cordillera de los Andes y el océano Pacífico y se extiende por una distancia total de dos mil doscientos kilómetros y su anchura varía entre cero - cuando los Andes se precipitan al mar - y doscientos kilómetros en el norte. En esta costa, rica en pesca, pero árida por falta de lluvia, está Lima, la capital.

La sierra es la región andina, situada en la parte central, la cual aloja a más de la mitad de la población en ciudades como Cuzco y Arequipa. En esta región aún hoy día se utilizan llamas, vicuñas y alpacas para el transporte, la carga, y la producción de carne, lana y leche.

La selva peruana, la región más grande y la menos explorada, alberga una inmensa variedad de flora y fauna y un número indeterminado de tribus indígenas.

Vocabulary

da *(dar)* **lugar**	causes
altiplano, *m*	plateau
selva virgen, *f*	thick (wild) jungle
paisaje, *m*	landscape
pesca, *f*	fishing, fish
falta de lluvia, *f*	lack of rain
aloja *(alojar)*	houses, shelters

La profundidad inmensurable de la Selva Amazónica peruana

La selva peruana es una extensa área de clima tropical de 500.000 km cuadrados de superficie. Formada por cuatro departamentos, Madre de Dios, Ucayali, San Martín y el más importante, Loreto, con su capital Iquitos, situada en el noroeste más alejado del país. Posee abundante flora y fauna, que son consideradas como las más ricas del mundo y en las que los amantes de la naturaleza pueden regocijarse admirando la variedad de plantas, frutos, aves, árboles, insectos y animales.

El río Amazonas, famoso por su grandeza, alcanza aquí los 50 m de ancho y es el gran protagonista. El clima tropical húmedo mantiene una temperatura entre 25 y 30 grados; las lluvias son muy regulares, aunque con más frecuencia en los meses de enero y febrero, pero nunca ocurren inundaciones o desbordamientos graves. Iquitos, ciudad de puerto hacia el Amazonas, tuvo su esplendor en la época de la explotación del caucho, período que fue inmortalizado por Werner Herzog en su película *Fitzcarraldo*.

En la selva peruana conviven alrededor de 50 tribus indígenas, cada una con su dialecto, costumbres y creencias, y viviendo todas en armonía y respeto con la naturaleza.

Esto puede constituir uno de los principales atractivos para aquellos que no se conforman con admirar el paisaje, sino que también aprovechan sus viajes para conocer otras culturas y adentrarse en otras civilizaciones. La convivencia con estos habitantes - verdaderos dueños del Amazonas peruano - pueden aportar al visitante un conocimiento *in situ* de lo que fue la realidad latinoamericana antes de la llegada de los conquistadores españoles y que está en peligro de desaparecer completamente, pues estas tribus, cuyo número no se conoce exactamente, están en peligro de extinción.

Es importante destacar que en esta zona del Perú la vida, aunque muy simple, es muy tranquila. La selva proporciona suficientes alimentos y materias primas para hacer artículos de uso diario y medicinas.

© Adaptado de Noticias Latin America, Londres

Las líneas de Nazca

Al sur de Lima corren unas líneas absolutamente rectas que aparecen de la nada y terminan abruptamente; corren paralelas y se cruzan, siempre en línea recta; ascienden hacia las cimas de las montañas vecinas y allí se interrumpen súbitamente. Desde el suelo las figuras son imposibles de percibir. Desde el aire aparecen como una extraña colección de diseños cuadrados y triangulares, como las pistas de un moderno aeropuerto. Interpuestas entre estos patrones lineales, se encuentran unas gigantescas figuras en forma de colibrí, mono y candelabro; otras semejan una iguana de cola muy larga; un pájaro, una rosa, una araña, un perro y otras aparecen como un mosaico compuesto de muchos animales. Muchos de estos diseños alcanzan proporciones de hasta 150 metros y parecen haber sido hechos de un solo trazo continuo y conservar perfectamente las proporciones naturales a esta escala.

Existen muchas interpretaciones y teorías sobre el origen y la razón de ser de estos dibujos: caminos incas, símbolos de una religión en la cual predominaban las figuras geométricas, un calendario astronómico o aún, una forma de comunicar mensajes a civilizaciones extraterrestres. Ninguna explicación es totalmente satisfactoria y el misterio de las enigmáticas líneas de Nazca permanece sin descifrar.

Exercise 9.2

*State whether each of the following statements is true (**verdadero**) or false (**falso**):*

1 Perú tiene una topografía muy rasa.
2 Lima está en la sierra.
3 La mayoría de la población vive en las montañas.
4 Las llamas, alpacas y vicuñas son sólo bestias de carga.
5 En la selva peruana vive una inmensa variedad de tribus.
6 Iquitos tuvo su esplendor durante la explotación del caucho.
7 Los dueños del Amazonas peruano son los animales.
8 Las líneas de Nazca continúan por las montañas.
9 Las líneas representan un aeropuerto.
10 Existen varias explicaciones del origen y propósito de las líneas de Nazca.

Vocabulary

de la nada	out of nothing
cima, *f*	summit
montañas vecinas, *f*	neighbouring
súbitamente	suddenly
diseño, *m*	design
pistas, *f*	runways
interpuestas	interposed
patrón, *m*	pattern
semejan *(semejar)*	resemble
araña, *f*	spider
trazo continuo, *m*	continuous stroke
razón de ser, *f*	raison d'être
camino, *m*	track

Bolivia

Durante la época colonial, Bolivia era conocida como Alto Perú, por su similitud topográfica con el país vecino y por tener montañas y altiplanos muy elevados. Después de la independencia, el país tomó su nombre actual en honor al libertador Simón Bolívar. Como los otros países andinos, Bolivia está dividida en regiones por los Andes: en el occidente, entre las dos cadenas andinas se encuentra el altiplano, una de las regiones más elevadas del mundo. Al sur y al oriente están los llanos y la selva, casi deshabitados e inexplotados, los cuales constituyen el setenta por ciento del territorio boliviano y que se extienden hasta las fronteras con Perú, Brasil, Paraguay y Argentina. En el altiplano, donde se encuentra La Paz, la capital, vive la mayoría de la población y se hallan grandes yacimientos minerales, especialmente de estaño, plomo, plata, zinc y cobre.

Al igual que la mayoría de los países suramericanos, Bolivia, se vio envuelta en guerras limítrofes con sus vecinos que culminaron en pérdidas territoriales. Durante la guerra del Pacífico (1884) entre Chile, Perú y Bolivia, ésta última perdió su salida al mar. La guerra del Chaco (1935) terminó con la concesión de este territorio al Paraguay.

Vocabulary

similitud, *f*	similarity
se hallan *(hallar)*	are found
yacimiento, *m*	bed, deposit
estaño, *m*	tin
plomo, *m*	lead
envuelta *(envolver)*	involved
limítrofes	border (adj.)
culminaron *(culminar)*	ended
pérdida, *f*	loss

La música autóctona suramericana se ha hecho muy popular en todo el mundo en los últimos años. Instrumentos como la quena, el pinkillo, el charango y el siku, de origen incaico y preincaico, son comunes en todos los países andinos, especialmente Bolivia, Perú y Ecuador, y se usan para producir gran variedad de sonidos.

Conjuntos musicales suramericanos como los Calchakis, Inti-illimani y Quilapayún, el grupo irlandés Incantation y muchos otros han contribuido a su difusión.

© Microsoft Corporation, 1994
Músico boliviano

El lago Titicaca

En la frontera peruano-boliviana, a 3.812 metros de altura en el altiplano andino, se halla el lago Titicaca. Tiene una extensión de 8.100 kilómetros cuadrados y una profundidad media de 100 metros y máxima de 280 metros. Las orillas del lago siempre han estado habitadas y sobre sus aguas se ven aún hoy día las tradicionales barcas de junco que aparecen en la foto, las cuales son hechas por los indios. También se pueden ver barcos de vapor como el 'Yaravi', construido en Escocia en 1862 y el primero que se usó en el lago.

© Microsoft Corporation, 1994
El lago Titicaca

Cuenta la leyenda que en al año 1200, Manco Capac, el hijo del sol, salió de las aguas del lago con su hermana Mama Ocllo, con la cual se casó más tarde. Manco Capac llegó a ser el primer Inca - jefe de los incas - y construyó un imperio muy grande y avanzado. Cada año a orillas del lago, se celebra una fiesta en honor a la aparición de Manco Capac.

A unos pocos kilómetros al sureste del lago, se encuentra la ciudad de Tiahuanaco, cuya fama se debe a las ruinas de gigantes estatuas y edificios de piedra. Tiahuanaco, como otras ciudades de la América precolombina, guarda todavía muchos misterios: ¿Qué pueblo construyó esos monumentos y por qué? ¿Cómo lograron levantar unas piedras tan pesadas? ¿Por qué no las terminaron? Y, muy intrigante, ¿por qué abandonaron la ciudad?

Vocabulary

autóctona	indigenous
quena, *f*	South American notched flute
pinkillo, *m*	South American whistle flute
charango, *m*	South American stringed instrument made from the armadillo shell
siku, *m*	South American wind instrument
andinos	Andean
profundidad media, *f*	an average depth
barcas de junco, *f*	reed boats
barco de vapor, *m*	steam boat
a orillas	on the shores
guarda *(guardar)*	harbours, keeps
construyó *(construir)*	built
lograron *(lograr)*	managed

Exercise 9.3

Rewrite these sentences replacing the words underlined with an appropriate expression from the list provided and changing the form of other words, if necessary.

despoblado, minas, hay una celebración, semejanza, incógnitas, meseta, disputas, originarios, el Libertador

1 Los españoles llamaron a Bolivia el Alto Perú por su similitud con Perú.

2 Bolivia tomó su nombre de Bolívar.

3   El <u>altiplano</u> boliviano es una de las regiones más elevadas del mundo.

4   Setenta por ciento de Bolivia está casi completamente <u>deshabitado</u>.

5   En el altiplano boliviano hay grandes <u>yacimientos</u> <u>minerales</u>.

6   En 1884 y 1935 Bolivia se vio envuelta en <u>guerras</u> limítrofes.

7   La quena, el pinkillo y el siku son instrumentos <u>autóctonos</u> bolivianos.

8   Cada año a orillas del lago <u>se</u> <u>celebra</u> <u>una fiesta</u> en honor de Manco Capac.

9   Tihuanaco todavía guarda muchos <u>misterios</u>.

Explanatory notes

1   'el cual', 'la cual', 'los cuales' and 'las cuales'

el cual, la cual, los cuales, las cuales (equivalent to English 'who', 'which' or 'that') is used with people or things, especially after prepositions. If the person is named, **que** or **quien** is preferred:

> **Las líneas de Nazca pueden ser símbolos de una religión en <u>la</u> <u>cual</u> predominaban las figuras geométricas.**
> The Nazca lines might be symbols of a religion in <u>which</u> geometrical figures were predominant.

> **En las islas habitan una variedad de animales singulares, entre <u>los</u> <u>cuales</u> se incluyen iguanas.**
> The islands are inhabited by a singular collection of animals, among <u>which</u> are iguanas.

> **El paisaje está dominado por los Andes, <u>los</u> <u>cuales</u> dividen el país en tres áreas distintas.**
> The landscape is dominated by the Andes, <u>which</u> divide the country in three different areas.

> **Este es el aparato sin <u>el</u> <u>cual</u> no puedo oír.**
> This is the gadget without <u>which</u> I can't hear.

> **Vino también el médico <u>del</u> <u>cual</u> te hablé.**
> The doctor (<u>whom</u>) I talked to you <u>about</u> was also here.

Vino también Pedro Gómez, quien es médico.
Pedro Gomez, who is a doctor, also came.

2 'cuyo', 'cuya', 'cuyos' and 'cuyas'

cuyo, cuya, cuyos and **cuyas** meaning 'whose', agrees in number and gender with the thing possessed:

Allí se encuentra el Pichincha, en cuyas faldas está Quito, la capital.
There is mount Pichincha, on whose flanks lies Quito, the capital.

The use of **cuyo, cuya, cuyos** and **cuyas** in modern Spanish is almost confined to the written language. In spoken Spanish a paraphrase using **tener** is normally used:

Vimos la casa que tiene las ventanas rotas.
We saw the house with the broken windows.

The latter is preferred to:

Vimos la casa cuyas ventanas están rotas.
We saw the house whose windows are broken.

If the main purpose is to define possession, **pertenecer a** is used instead:

Conozco la persona a quien le pertenece este libro.
I know the person whose book this is.

'Whose?' in a question is never rendered by **cuyo**, but by **¿De quién?**

¿De quién es este dinero?
Whose is this money?

Exercise 9.4

Translate into Spanish:

1 Whose is that car?
2 He lives with my brother, who works in the same city.
3 He's the man whose wife died yesterday.
4 I am the man whose car has broken down.

5   Perú, which had one of the most advanced preColombian
    civilisations, is very rich in minerals.
6   Manco Capac, who was the first Inca, came out of the lake.
7   We saw many giant statues whose origin is unknown.
8   That's the girl whose father is my friend.
9   Whose instruments are these?
10 The indians, who don't have much land, are very ingenious.

3   Uses of the preposition 'de'

To indicate possession or geographical location:

la población del Perú	Peru's population
el imperio de los incas	the empire of the Incas
el libro de Juan	John's book

To translate 'of' or 'from':

la mayoría de los países	most of the countries
la rama occidental de los Andes	the west branch of the Andes
a 1.050 km de la costa ecuatoriana	1.050 km from the Ecuadorian coast

N.B. **robar, quitar, arrebatar, pedir** take **a** to mean 'off' or
'from':

Le robaron el reloj al viejo.
They stole the watch from the old man.

Le quité la responsabilidad a Juan.
I took the responsibility off Juan.

Le arrebataron el bolso a la señora.
They snatched the handbag from the woman.

Lo que Juan le pide a su hija es comprensión.
What Juan asks from his daughter is understanding.

To translate 'with', 'by', or 'in', when they introduce the means
or instrument of an action:

Jorge se llenó los bolsillos de arena.
Jorge filled his pockets with sand.

Me cogió del brazo.
He took me by the arm.

Están cubiertos de polvo.
They're covered in dust.

To indicate the cause of a reaction:

Juana temblaba de los nervios.
Juana was shivering from nerves.

Gritaron de alegría.
They shouted for joy.

Estoy cansado de ti.
I'm tired of you.

To translate 'about' after certain verbs of communication and opinion:

Le hablé del problema.
I spoke to him about the problem.

Me quejé de la comida.
I complained about the food.

¿Qué opinan Uds. de la guerra?
What do you think about the war?

To indicate in what capacity a person acts:

Trabaja de camarero en Lima.
He works as a waiter in Lima.

Les serví de intérprete.
I acted as their interpreter.

Se graduó de médico.
He graduated as a doctor.

To form compound prepositions:

a causa de	because of
acerca de	about
a fuerza de	by dint of
a pesar de	in spite of
a lo largo de	along, during

en vez de	instead of
en medio de	in the middle of
por medio de	by means of

In other adverbial expressions:

de costumbre	usually
de improviso	unexpectedly
de nuevo	again
de prisa	quickly, in a hurry
de una vez	once and for all
de pronto	suddenly
de repente	suddenly
de verdad	really
de acuerdo	agreed
de memoria	by heart
de buena gana	willingly
de mala gana	unwillingly
de buen humor	good humoured
de mal humor	ill humoured
de pie	standing
de luto	in mourning
de negro	in black
de espaldas	with back turned
de viaje	away on a trip
de día	by day
de noche	by night
de turno	on duty

With the words **modo** and **manera,** to form different expressions:

de este modo	in such a way
de tal manera	in this way
de ningún modo - de ninguna manera	by no means
de todos modos - de todas maneras	at any rate, anyway

Exercise 9.5

Fill the gaps with suitable phrases using the preposition 'de'. E.g.:

El viejecito murió ___.
El viejecito murió de repente.

1 Después de enviudar, la condesa siempre estaba ___ y se vestía ___.
2 Los animales nocturnos duermen ___ y son activos ___.
3 Cuando voy ___ siempre me quedo en hoteles donde sirven buena comida.
4 Aunque no estaba ___ el policía detuvo al ladrón.
5 Un actor tiene que aprender sus líneas ___.
6 No puedo parar ahora. Estoy ___.
7 Se ha reído mucho hoy. Está ___.
8 No me pudiste ver porque estabas ___ a la ventana.
9 Lo necesito para ya. Hágalo ___.
10 Me sorprendió porque llegó ___.

4 'bastante', 'suficiente' and 'demasiado'

Note the use of **bastante / suficiente** (enough) and **demasiado** (too, too much, too many) in the following example. As adverbs, they do not change.

Esta casa es demasiado cara para mí.
It's too expensive for me.

Estas cosas son bastante baratas para comprarlas.
These things are cheap enough to buy.

No tengo suficiente tiempo para mirar la televisión.
I don't have enough time to watch television.

Likewise as pronouns

Tengo bastante que hacer.
I've got enough (a lot) to do.

Hay demasiado que ver.
There's too much to see.

Hay demasiado que ver.
There's too much to see.

But when used as adjectives, they agree in gender(**demasiado / - a)** and number with the noun they refer to:

Echaste <u>demasiada</u> crema.
You put <u>too</u> <u>much</u> cream in.

No tenemos <u>suficiente</u> café.
We haven't got <u>enough</u> coffee.

Hay <u>bastante</u> dinero.
There is <u>enough</u> money.

Tengo <u>demasiadas</u> preocupaciones.
I have <u>too</u> <u>many</u> worries.

No hay <u>bastantes</u> libros.
There aren't <u>enough</u> books.

Pasamos <u>suficientes</u> horas juntos.
We spent <u>enough</u> hours together.

Exercise 9.6

Translate into Spanish:

1   I've eaten enough.
2   It's too heavy to carry.
3   They had too much wine.
4   He has too many problems.
5   This coffee's not got enough sugar.
6   The ladder is tall enough.
7   There are too many people.
8   You're driving too fast.
9   We have enough to learn.
10 Who's got enough money?

Listening Exercise

El ferrocarril de los Andes

El tren de los Andes va desde Lima, en la costa del Pacífico, hasta Huancayo, al otro lado de los Andes. La línea, que mide sólo 417 kilómetros, pasa por 61 puentes y 66 túneles y para llegar a su punto más alto, un viaje de 171 kilómetros, se tarda cinco horas. Hoy día el ferrocarril sirve más que nada para transportar mercancías entre el centro minero de Cerro de Pasco y Lima, y de vez en cuando lleva algunos turistas.

El paisaje por supuesto que varía con la altura y el viajero puede admirar valles verdes, sierras áridas, volcanes y nevados. Después de cinco horas de vistas variadas, el tren llega a Ticlio, la estación de tren más alta del mundo (4.759 m) y al salir de allí pasa por el túnel Gallera, de 1.176 metros de largo.

Este tren se empezó a construir en 1870 y debe su existencia al estadounidense Henry Meiggs. Las inclinadas pendientes y los cañones estrechos fueron un reto único para Meiggs y su equipo. En algunas partes no había sitio para construir puentes ni viaductos. Además era necesario tener en cuenta la amenaza de las fuertes lluvias y los deshielos. Los puentes tenían que ser muy fuertes y estables, y por esto en su construcción se utilizó hierro y más tarde acero. Los túneles no sólo servían para atravesar las montañas, sino que también evitaban las inundaciones. Meiggs también tuvo dificultades en encontrar obreros que quisieran trabajar en las duras condiciones de los Andes, así que decidió contratar obreros chinos y chilenos, quienes ya le habían ayudado a construir los ferrocarriles de Chile.

Todo el equipo necesario tenía que transportarse en mulas y llamas. El carbón y el hierro tenían que importarse de la Gran Bretaña, lo cual ocasionó muchos retrasos. A más de esto, hubo muchos accidentes y enfermedades que diezmaron el número de trabajadores.

Meiggs murió en 1878 sin ver culminado su proyecto. El tren de los Andes se terminó en 1908, pero fue un proyecto muy costoso no sólo en tiempo y recursos, sino también en el número de vidas que se sacrificaron.

Vocabulary

se tarda *(tardar)*	takes (time)
más que nada	mostly
mercancías, *f*	goods, merchandise
de vez en cuando	from time to time
por supuesto	obviously, of course
viajero, *m*	traveller
vistas, *f*	views
pendientes, *f*	slopes
cañones, *m*	ravines, canyons
reto, *m*	challenge
equipo, *m*	team
amenaza, *f*	threat
deshielos, *m*	thaw, melting
hierro, *m*	iron
acero, *m*	steal
inundación, *f*	flood
obreros, *m*	workers
retrasos, *m*	delays
diezmaron *(diezmar)*	decimate, kill
culminado *(culminar)*	finished
recursos, *m*	resources

Exercise 9.7

Answer the following questions in Spanish:

1 Which country does the 'Ferrocarril de los Andes' cross?
2 Who built the railway?
3 How many years did it take to build it?
4 What is the highest train station in the world?
5 How far is this station from Lima?
6 How many bridges and tunnels were built?
7 Why did Meiggs have trouble finding workers?
8 How did he solve this difficulty?
9 In which other South American country did Meiggs built railways?
10 Why did Meiggs not see his project finished?

Chapter 10   Argentina y Chile

In this chapter you are going to practise the use of y and o, pero and sino; prepositions a, bajo, debajo de; the adverb abajo; relatives cuando and donde and the -ando, -iendo forms.

Reading

Argentina

Argentina es el país más extenso de la América Hispana con una superficie continental de 2.791.810 km^2 y un litoral sobre el Océano Atlántico de 2.600 km. Los Andes, en el occidente, marcan el límite con Chile. Al norte limita con Bolivia y con Paraguay en el noreste. El río Uruguay la separa del Brasil y parte del Uruguay. El río de la Plata, que le da su nombre a la región de Buenos Aires, es su vínculo con el Atlántico y Montevideo.

¿Sabía Ud. que ...?

- El nombre de Argentina se deriva del latín *argentum*, que significa plata, porque los españoles buscaron este metal en esta parte del continente.

- Se dice que los argentinos viven con el fútbol en la sangre, la política en la cabeza y el tango en el corazón.

- Chile es el país más estrecho del mundo: 4.200 km de largo por un promedio de 190 km de ancho.

- El desierto de Atacama, en el norte de Chile, es uno de los lugares más inhóspitos del planeta.

Las cataratas del Iguazú

En el sitio donde se unen Argentina, Paraguay y Brasil se encuentran las cataratas del Iguazú, formadas por el torrente del río del mismo nombre, que a lo largo de tres kilómetros se desborda formando unos 275 saltos de alturas que varían entre 60 y 80 metros en un área en forma de herradura de 3 km de anchura. Más de la mitad de estos saltos se hallan en el lado argentino de la frontera y se precipitan dentro de un cañón llamado la Garganta del Diablo. Cuenta la leyenda que las cataratas se formaron cuando un dios guaraní se vengó de un guerrero que huía por el río llevándose a su amada doncella. El dios hizo caer el lecho del Iguazú: la doncella murió ahogada en la catarata y el indio se convirtió en un árbol a orillas del río.

© Microsoft Corporation 1994
Las majestuosas cataratas del Iguazú

Iguazú significa *agua grande* en guaraní y las cataratas son eco de su nombre: en la época de lluvias, más de 12.500 metros cúbicos de agua se desgajan cada segundo con un estruendo ensordecedor que se puede escuchar desde la distancia y que silencia el canto de los pájaros, el rugido de los felinos y el susurro de las hojas en el viento. Durante su descenso y al chocar con las rocas al fondo del cañón, el agua se convierte en espuma blanca y en miles de diminutas gotas de agua que forman una pantalla natural en la que permanentemente se proyecta el arco iris. Alrededor de las cataratas, los gobiernos de Argentina y Brasil han establecido parques naturales para preservar la belleza del área y proteger a los animales y las plantas que allí viven. A las cataratas se puede llegar desde Ciudad del Este en Paraguay, Puerto Iguazú en Argentina o Foz de Iguazú en Brasil.

Vocabulary

política, *f*	politics
inhóspito	inhospitable
vínculo, *m*	link
catarata, *f*	waterfall
torrente, *m*	river flow
herradura, *f*	horseshoe
guaraní	Guarani (indian)
se vengó *(vengarse)*	took revenge
guerrero, *m*	warrior
huía *(huir)*	was fleeing
doncella, *f*	maiden
lecho, *m*	river bed
se desgajan *(desgajarse)*	fall
estruendo ensordecedor, *m*	deafening noise
rugido, *m*	roar
susurro, *m*	rustle
espuma, *f*	foam
diminutas	minute
pantalla, *f*	screen
arco iris, *m*	rainbow

Exercise 10.1

Against each bracketed number, write a synonym for the underlined words or expressions immediately preceding the number. E.g.:

Las cataratas del Iguazú son muy famosas (0: bien conocidas).

Las cataratas el Iguazú se encuentran (1:___) en el sitio (2:___) donde se unen (3:___) Argentina, Paraguay y Brasil. El río Iguazú se desborda (4:___) formando 275 saltos de alturas que varían entre 60 y 80 metros. Cuenta (5:___) la leyenda que las cataratas las formó un dios guaraní para castigar a un guerrero que huía (6:___) por el río llevándose a su amada (7:___) doncella. En la época de lluvias (8:___) cada segundo se desgajan (9:___) más de 12.500 metros cúbicos de agua con un estruendo (10:___) ensordecedor.

El tango

El tango nació en Buenos Aires a finales del siglo XIX,
probablemente como una fuerte mezcla y derivación de la
milonga argentina, la habanera cubana y el flamenco español. Sus
primeras interpretaciones públicas, tanto en Argentina como en
Uruguay, aparecen a principios del siglo XX y la música era
interpretada por conjuntos compuestos de flauta, piano y
bandoneón. El tango se extendió rápidamente por el mundo y en
la década de 1920 se estableció como un tipo de baile popular en
Europa y los Estados Unidos. El tipo de tango que más fama y
arraigo ha logrado en el mundo entero es el tango de Buenos
Aires, también conocido como rioplatense.

En un principio se practicaba solamente en esquinas callejeras y
únicamente entre hombres, muchos de quienes vivían en áreas
pobres y marginadas, lo cual le dio al tango una reputación de
machismo y arrabal. Sin embargo el tango básicamente
representaba en esa época - y aún hoy día - la dignidad y las
aspiraciones de los desclasados que le dieron vida. El tango como
danza y canción incorpora rasgos de la música gitana, la vibración
callejera del acordeón y la energía del flamenco. Años más tarde

se bailó en casas de familia y la mujeres empezaron a tomar parte en la danza.

El tango se estableció fuertemente en Argentina y Uruguay, después de la Primera Guerra Mundial, se extendió a otras partes del mundo y alcanzó una respetabilidad y popularidad enormes en los restaurantes y en las salas de baile y espectáculos de casi todo el mundo. El cantante y la letra que hasta entonces habían jugado un papel secundario, también ganaron importancia y se convirtieron en ingredientes indispensables del tango.

Entre los cantantes de tango se destaca la figura del argentino *Carlos Gardel,* el padre del tango. Para los argentinos y los fanáticos del tango en el mundo entero, 'el zorzal criollo' o el 'francesito' - como se lo llamaba - no es sólo sinónimo del tango, sino también sinónimo de una cultura que aún después de 60 años de su muerte lo recuerda y celebra su sin igual contribución al desarrollo y la popularización del tango alrededor del mundo. En cada aniversario de su muerte, la tumba de Gardel en Buenos Aires se cubre de ramos de flores enviados o llevados personalmente por sus seguidores. En Medellín, Colombia, donde Gardel murió en un accidente aéreo el 24 de junio de 1935, existe una de sus más grandes fanaticadas, hay una casa gardeliana, un templo y una estatua en su honor, y cada año se conmemora el aniversario de su trágica muerte con festivales donde se toca, baila y canta la música que Gardel hizo tan popular y que lo hizo a él igualmente famoso. Se dice que ni Gardel ni el tango nunca pasarán de moda.

Vocabulary

nació *(nacer)*	to be born
mezcla, *f*	mixture
milonga, *f*	an Argentinian dance, forerunner of the tango
habanera, *f*	Cuban dance
interpretación pública, *f*	public showing, performance
era interpretada	(the music) was played
conjuntos, *m*	(musical) groups
bandoneón, *m*	small accordion
se extendió *(extenderse)*	expanded
se estableció *(establecerse)*	established itself
arraigo, *m*	enduring popularity
rioplatense	from the Buenos Aires region

en un principio	at the beginning
esquinas callejeras, *f*	street corners
arrabal, *m*	slum
desclasados, *m*	the underclasses
le dieron *(dar)* **vida**	brought it (the tango) to life
rasgos, *m*	characteristics
cantante, *(m)*	singer
letra, *f*	lyrics
habían jugado *(jugar)* **un papel**	had played a role
zorzal, *m*	thrush
criollo	local, vernacular
sin igual	unique
desarrollo, *m*	development
ramos de flores, *m*	bouquets
seguidores, *m*	followers
fanaticada, *f*	fan club
pasar de moda	to go out of fashion

Exercise 10.2

Answer the following questions in Spanish.

1 ¿De dónde viene el tango más famoso y cómo se llama?
2 ¿Por qué tuvo el tango inicialmente una reputación de machismo y arrabal?
3 ¿Qué rasgos de otro tipo de música están presentes en el tango?
4 ¿Quién es la figura más destacada del tango y dónde se conmemora su muerte cada año?
5 ¿En qué época se extendió el tango por Europa y Estados Unidos?
6 ¿Qué bailes se mezclaron para dar vida al tango?
7 ¿Qué sentimientos básicos representa el tango?
8 ¿Dónde se encuentra la tumba de Gardel?
9 ¿Cuáles eran los elementos indispensables del tango antes de la Primera Guerra Mundial?
10 ¿Qué instrumentos se usaron inicialmente para interpretar el tango?

174

Chile

Chile junto con Argentina comparte el cono sur de Sudamérica. Es tan estrecho que en algunos sitios a simple vista se puede ver la costa Pacífica desde las cumbres andinas. Ningún otro país del mundo parece estar más aislado: por el norte el desierto de Atacama hace difícil el acceso, mientras que la cordillera de los Andes al este se extiende a todo lo largo de la frontera con Argentina; los glaciares antárticos al sur y el Océano Pacífico al oeste son barreras que hasta hace unos años eran insuperables. Chile posee grandes recursos minerales, especialmente al norte, en el desierto de Atacama, una de las regiones más secas y desoladas del mundo.

Vocabulary

cono sur, *m*	the Southern cone (of South America)
estrecho	narrow
a simple vista	with the naked eye
cumbre, *f*	summit
a lo largo de	along

La isla de Pascua

A tres mil setecientos kilómetros de la costa sur de Chile, en el Océano Pacífico, está la Isla de Pascua, que hace parte del archipiélago Polinesio pero que le pertenece a Chile. La isla, formada por tres volcanes inactivos, debe su nombre a un explorador holandés que desembarcó allí el domingo de Pascua en el año 1722. Pocos años más tarde llegaron navegantes españoles, después ingleses y más tarde franceses. Finalmente Chile tomó posesión de la isla en 1888. Los pocos nativos, de origen polinesio, que aún quedan en la isla la llaman *Rapa Nui*. Otro nombre que aparece en leyendas antiguas es *Te Pito* o *Te Henua*, que significa ombligo de la tierra.

© Microsoft Corporation 1994
Las enigmáticas estatuas de piedra de la isla de Pascua

La fama mundial de la isla de Pascua se debe a la presencia de un gran número de gigantescas estatuas de piedra, las cuales representan figuras humanas con cabezas enormes, orejas y narices muy largas y sin piernas. Las estatuas miden entre tres y doce metros de altura y algunas pesan hasta cincuenta mil kilos. Hay más de cien estatuas en la isla, algunas de ellas incompletas. La roca usada en su construcción proviene del cráter Ranu Raraku, donde se encontró una de las más grandes estatuas sin terminar.

Nadie sabe con certeza cómo fue posible construir estas estatuas tan grandes o cómo fueron transportadas desde el lugar de construcción hasta otras partes de la isla, a distancias de doce o más kilómetros. ¿Por cuánto más tiempo va a permanecer el misterio? ¿Cuándo van las estatuas de la isla de Pascua a revelar su secreto?

Vocabulary

pertenece *(pertenecer)*	belongs
holandés	Dutch
desembarcó *(desembarcar)*	landed
domingo de Pascua, *m*	Easter Sunday
navegante, *m*	sailor
quedan *(quedar)*	remain
ombligo, *m*	navel
proviene *(provenir)*	originates
certeza, *f*	certainty

Exercise 10.3

*State whether each of the following statements is true (**verdadero**) or false (**falso**):*

1 La isla de Pascua le pertenece a Chile desde 1722.
2 La isla es famosa por sus enormes figuras de piedra.
3 La estatua completa más grande que se ha encontrado estaba al pie del volcán Ranu Raraku.
4 El origen de las estatuas de piedra es incierto.
5 Las estatuas se transportaron en algunos casos por más de diez kilómetros.

Explanatory notes

1   y (e), o (u), pero (sino)

The word **y** is changed to **e** in front of words beginning with the letter **i-** and **hi-**, but <u>not</u> in front of **hie-**. Thus:

francés e italiano	French <u>and</u> Italian
literatura e historia	literature <u>and</u> history

But: **carbón y hierro**   coal <u>and</u> iron

Likewise the word **o** changes to **u** in front of **o-** and **ho-**. Thus:

o él u otro	either he <u>or</u> somebody else
mujer u hombre	woman <u>or</u> man
si ves u oyes algo	If you see <u>or</u> hear anything

If the word 'but' introduces a positive statement in opposition to a previous negative one, it is translated as **sino** rather than **pero:**

No es inglesa <u>sino</u> china.
She isn't English <u>but</u> Chinese.

But if the terms of opposition are not mutually exclusive **pero** or **pero sí** (for emphasis) is used:

No he visto a tu amigo hoy, <u>pero</u> lo voy a ver esta noche.
I haven't seen your friend today, <u>but</u> I'll see him tonight.

No he visto a tu hermano, <u>pero</u> sí he visto a tu hermana.

I haven't seen your brother, <u>but</u> I have seen your sister.

Exercise 10.4

*Fill in the gaps with **y, e, o** or **u, sino** or **pero** as appropriate:*

1   ¿Cómo quieres tu whisky? ¿Con soda ___ hielo?
2   Con la muerte de Felipe ___ Isabel, quedaron sin hijos.
3   ¿Cuántos nietos tienes? - Siete ___ ocho?
4   No son chilenos, ___ argentinos.
5   No conozco su poesía, ___ sí he leído una novela suya.

2   The preposition 'a' is used:

- to mean 'to' with verbs of motion:

    Fuimos <u>a</u> <u>las</u> <u>cataratas</u>.
    We went <u>to</u> <u>the</u> <u>waterfalls</u>.

    La invitó <u>a</u> cenar.
    He invited her <u>to</u> have dinner.

- to introduce personal objects of verbs:

    Vimos <u>a</u> tu amigo.
    We saw your friend.

    Se marchó llevándose <u>a</u> su amada doncella.
    He left taking with him his beloved maiden.

- to mean 'into' and 'on to':

    Se tiró <u>al</u> agua.
    He dived <u>into</u> the water.

    Salí <u>a</u> la calle.
    I went out <u>on</u> <u>to</u> the street.

- to indicate 'a point in time':

<u>A</u> las tres	<u>At</u> three o'clock.
<u>Al</u> día siguiente.	The next day.
<u>A</u> la media hora salió.	<u>After</u> half an hour he left.
<u>Al</u> verme, se fue.	<u>When</u> he saw me, he left.

- to indicate 'where' in limited situations:

a la / mano derecha	on the right
al borde / a orillas de	on the edge/banks of
al lado de	at the side of
al pie / fondo de	at the foot/bottom of
al sur (este, norte, oeste) de	to the south (etc.) of
al sol, a la sombra	in the sun, shade
a la mesa / puerta	at the table/door
a diez metros de mi casa	ten metres from home

- to express 'at a price or rate':

a cien pesetas el kilo	a hundred pesetas a kilo
dos veces a la semana	twice a week
al diez por ciento	at ten per cent

- after nouns of emotion:

el amor (odio) al trabajo	love / hatred for work
el miedo a la pobreza	fear of poverty
la afición a la política	fondness for politics

- in the following expressions:

a caballo	on horseback
a mano	by hand
a ciegas	blindly
a solas	alone
a mi modo de ver	to my mind
a mi juicio	in my judgement
a causa de	because of
a pesar de	despite
a pie	on foot
a máquina	by machine
a tientas	gropingly
a todo correr	at full speed
a mi parecer	in my view
a lo largo de	along
a fuerza de	by dint of
a través de	across

3 The prepositions 'bajo' and 'debajo de' and the adverb 'abajo'

These three words sound similar and need careful handling.
Abajo means 'downstairs' or 'there below' and is the opposite of **arriba**:

> **La cocina estaba abajo, el dormitorio arriba.**
> The kitchen was below on the ground floor, the bedroom upstairs.

As an adverb it cannot be used to introduce a noun, but is used in certain noun phrases like:

los de abajo	the underdogs, or the people in the flat below
cuesta abajo	downhill
río abajo	downstream

Bajo and **debajo de** are prepositions and as such introduce nouns. Both can mean 'under', 'below', and 'beneath':

> **Un túnel bajo el Estrecho de Gibraltar.**
> A tunnel under the Straits of Gibraltar.

> **Trabajan bajo tierra.**
> They work below ground.

> **Debajo de las Pampas hay mucha agua.**
> There's a lot of water under the Pampas.

But **bajo** is also used in a figurative sense, when the meaning is not physically 'underneath':

bajo cero	below zero
bajo juramento	under oath
bajo presión	under pressure
bajo llave	under lock and key
bajo lluvia	in the rain
bajo Perón	under Peron
bajo el mando de	under the command of
bajo el pretexto de	under the pretext of
bajo los auspicios de	under the auspices of

80

4 Translating 'it was then that' and 'it was there that'

When defining a place or time in such phrases, the word 'that' in English is not **que** in Spanish, but **cuando** and **donde**:

> **Fue por allí <u>donde</u> vivían los indios guaraníes.**
> It was there <u>that</u> the Guarani indians lived.

> **Fue entonces <u>cuando</u> se cambió su estilo de vida para siempre.**
> It was then <u>that</u> their lifestyle changed irrevocably.

Exercise 10.5

Translate into English:

1 Le tiene pavor a la oscuridad.
2 El testigo declaró bajo juramento.
3 Sucedió bajo la dominación romana.
4 Prefirieron hacerlo a mano.
5 Las ruinas están a diez kilómetros de aquí.
6 La ceremonia tuvo que llevarse a cabo bajo la lluvia.
7 Los niños les tienen miedo a los perros.
8 Eran las nueve cuando llegamos.
9 El gerente tiene el dinero bajo llave.
10 Los venden a cinco pesos el kilo.

Exercise 10.6

Translate into Spanish:

1 To my mind it's better to walk.
2 They live under a big tree.
3 My brother is very afraid of his teacher.
4 I prefer to write my letters by hand.
5 We went to France and Italy.
6 It was here that he died.
7 She used to live at the foot of the hill.
8 My grandmother lives downstairs.
9 He loves money.
10 They live on the banks of the Tajo.

5 The -ando, -iendo form

The -**ando**, -**iendo** form can be used on its own to express:

- temporal or causal ideas

  Siendo una de la región más ricas, permite la crianza del ganado.
  Being one of the richest areas, it allows the raising of cattle.

  Teniendo tantas armas les fue fácil vencer a los indígenas.
  Having so many weapons it was easy for them to defeat the indians.

- the manner of an action:

  El guerrero huyó llevándose a la doncella.
  The warrior escaped taking the maiden with him.

  Entró fumando un cigarrillo.
  He came in smoking a cigarette.

  Nos llegó volando.
  It arrived in no time.

  Salió gritando.
  He went out screaming.

- the means by which an action is performed:

  Demostró su destreza construyendo su propia casa.
  He demonstrated his skill by building his own house.

  Se llega a ser rico trabajando mucho.
  One becomes rich by working hard.

N.B. After prepositions the -ing forms in English are never translated as **-ando /-iendo** in Spanish, but as infinitives:

  antes de salir
  before leaving

  sin saberlo
  without knowing

182

- Verbal nouns are also translated as infinitives:

    El ir y venir de la gente.
    The <u>coming</u> and <u>going</u> of people.

    Me gusta bailar.
    I like <u>dancing</u>.

Exercise 10.7

Provide the appropriate form from those indicated in brackets:

1   Después de ___ las manos, empezó a preparar la comida. (lavarse, lavando)
2   Como le gusta mucho ___, va a menudo a las discotecas. (bailar, bailando)
3   A pesar de su accidente, sigue ___ a caballo. (montar, montando)
4   Por ____ tan cansado, no pude concentrarme. (estar, estando)
5   El corredor llegó a la meta ____. (caminar, caminando)
6   Me encanta ___ música en la radio. (escuchar, escuchando)
7   Perdió su empleo por ___ enfermo. (estar, estando)
8   El bañista se dirigió a la isla ____. (nadar nadando)
9   El león hambriento anda ____a quien devorar. (buscar, buscando)
10 El pájaro atravesó el parque ____. (volar, volando)

Exercise 10.8

Translate into Spanish:

1   On finishing her homework, she discovered she now understood.
2   We are talking about the economy.
3   Before dying, the prisoner confessed his crime.
4   He is not running fast this year.
5   She is not feeling well.
6   Without seeing the letter I cannot decide anything.
7   My favourite pastime is going to the theatre.
8   After winning the lottery, he started drinking.
9   He is working hard on his new book.
10 The little girl took the medicine without crying.

Listening exercise

Los Mapuches

Todo el mundo sabe algo de los aztecas de México, los incas del Perú y los mayas de Centroamérica. Pero ¿quién ha oído hablar de los *mapuche*s o *araucanos*?

Poca gente, tal vez, con la excepción de los habitantes del centro y sur de Chile. Los mapuches (la palabra viene *mapu* 'tierra' y *che* 'hombre'), resistieron la conquista española con gran valor durante trescientos años.

En 1535, cuando llegaron los conquistadores españoles, los mapuches era la tribu más importante de la región que hoy se conoce como Chile. Había alrededor de un millón de ellos y se dedicaban a la agricultura, la ganadería, la cerámica y los tejidos. Vivían en una sociedad comunitaria, en pequeñas agrupaciones familiares que compartían todo - tierra, herramientas y cosechas. No tenían gobierno central, ni jefes permanentes, ni rangos militares. La autoridad más importante era el padre de familia; en situaciones de emergencia las familias se reunían para elegir un jefe temporal. El espíritu de solidaridad de la comunidad y su valor en defender su tierra fueron dos factores importantes que explican su valentía en la resistencia.

La llegada de los incas, ochenta años antes de la de los españoles, dividió en dos a los mapuches. Los mapuches que vivían al norte sucumbieron rápidamente a los españoles. Al sur, sin embargo, los conquistadores encontraron un pueblo unido, que nunca había sido dominado, ni estaba acostumbrado a pagar tributos por su tierra.

Además, a diferencia de otras razas, no tenían miedo de los caballos y las armas de fuego, y sí desarrollaron nuevas formas de lucha para resistir al ejército español. Los españoles los llamaron *araucanos*, probablemente de *rauca*, que significa 'lugar de agua' en mapuche, por la abundancia de lagos en el centro y sur de Chile.

Hoy en día, casi no hay mapuches en el norte de Chile. Pero en la región del centro y sur viven todavía unos 300.000. Son muy pobres y muchos buscan trabajo en las ciudades como criadas o camareros o bien en las minas de carbón. El resto son

campesinos. Los araucanos han mantenido su idioma, sus
vestidos típicos, su artesanía, algunas formas de organización
social, sus 'machis' (un tipo de sacerdote), su juego nacional 'la
chueca' (muy parecido al *hockey* inglés) y también la esperanza de
que un día puedan recuperar su dignidad.

Vocabulary

algo	something
con gran valor	with great bravery
ganadería, *f*	cattle farming
cerámica, *f*	pottery
tejido, *m*	fabric, cloth
herramienta, *f*	tool
cosecha, *f*	harvest
pueblo unido, *m*	united nation
tributo, *m*	tax
arma de fuego, *f*	firearm
lucha, *f*	struggle
ejército español, *m*	Spanish army
casi no hay Mapuches	there are almost no Mapuches
criadas, *f*	maids
campesino, *m*	farmer, peasant
han mantenido *(mantener)*	have kept
idioma, *m*	language
artesanía, *f*	crafts
sacerdote, *m*	priest
recuperar su dignidad	to regain their dignity

Exercise 10.9

Answer the following questions in Spanish:

1 ¿Qué significa 'mapuche'?
2 ¿Por cuántos siglos lucharon los mapuches contra los españoles?
3 ¿Cuántos mapuches había a la llegada de los españoles?
4 ¿Cuál era la autoridad más importante de la sociedad mapuche?
5 ¿Qué hecho dividió a los mapuches?
6 ¿Cómo llamaron los españoles a los mapuches?
7 ¿Cómo se llama el juego nacional de los mapuches?
8 ¿De qué se emplean los mapuches en las ciudades?

Key to Exercises

Chapter 1

Exercise 1.1: 1 La Meseta Central es la altiplanicie más extensa de Europa Occidental. 2 La Meseta ha tenido mucha influencia en la historia de España. 3 En la Meseta Septentrional hay numerosas reliquias de muchas culturas. 4 Muchos escritores famosos han dedicado sus mejores obras a Soria. 5 Castillla-La Mancha es el país de Don Quijote. 6 Los ríos de La Mancha frecuentemente no corren. 7 La Meseta Meridional tiene poca lluvia. 8 Guadalajara es una referencia morisca al río Henares. 9 Madrid es la capital de España. 10 Toledo sintetiza todo lo que es genuinamente español.

Exercise 1.2: 1 Verdadero. 2 Falso. Sólo en la construcción de los muros. 3 Verdadero. 4 Falso. La batalla de San Quintín cayó en esta fecha. 5 Verdadero. 6 Verdadero. 7 Falso. Los de Felipe II, sí. 8 Verdadero. 9 Falso. Contuvo la biblioteca más grande de su época. 10 Verdadero.

Exercise 1.3: 1 Castilla debe su nombre a sus numerosos castillos. 2 Castilla fue originalmente un reino. 3 Los castillos manchegos se han preservado gracias a acción gubernamental y a esfuerzos particulares. 4 Los castillos manchegos son testigos de la Reconquista. 5 Muchos castillos sirven de vivienda. 6 El castillo de Villaviciosa es un parador. 7 Algunos castillos como el de la Mota se destinan a usos educativos. 8 El origen de los castillos manchegos se mezcla con las leyendas de caballería.

Exercise 1.4: 1 Verdadero. 2 Falso. Pensó que era buena suerte. 3 Verdadero. 4 Falso. Porque sólo era un escudero. 5 Verdadero. 6 Falso. Lo vio como invitación a la batalla. 7 Falso. Se quedó observando. 8 Falso. Con su lanza. 9 Falso. Lo ayudó a montar a Rocinante. 10 Falso. A buscar más aventuras.

Exercise 1.5: 1 Siento mucho que el libro sea tan caro. 2 Lamento tener que irme ahora. 3 Se arrepiente de su decisión. 4 ¿No sientes que tu equipo no haya ganado? 5 Sintieron mucho habernos ofendido. 6 Nadie se arrepiente de eso más que yo.

7 Sentimos mucho que no se sienta bien. 8 Lamenta no haber puesto una oferta por la casa. 9 Ella lamenta que él no le hubiera dicho a tiempo. 10 Siento mucho que hayas / haya perdido el vuelo.

Exercise 1.6: 1 No se preocupe. **2** ¡Qué vergüenza!. **3** No importa. **4** No pasó nada. **5** No se preocupe. **6** No importa. **7** ¡Qué vergüenza. **8** No pasó nada. **9** Sí, ¡discúlpame! **10** No te preocupes.

Exercise 1.7: 1 Un día. **2** Los visigodos. **3** Los musulmanes. **4** Es el único edificio intacto de la era musulmana. **5** Mezcla motivos árabes y cristianos. **6** Porque es una sinagoga. **7** Del arte y la arquitectura góticos. **8** Por las pinturas del Greco. **9.**La plaza de Zocodóver. **10** El Alcázar.

Chapter 2

Exercise 2.1: 1 Cataluña está acuñada entre Francia y el resto de España. **2** El catalán es un idioma hermano del español.
3 Cataluña es la primera región comercial de España. **4** Como los vascos, los catalanes buscan su autonomía. **5** Las industrias catalanas son el motor de la economía local. **6** Montserrat se encuentra a casi 35 kilómetros de Barcelona. **7** Las rocas han sido erosionadas por la lluvia y el viento. **8** Montserrat contiene una colección de libros enorme. **9** Las formaciones rocosas le dan al monasterio una apariencia maravillosa. **10** Montserrat es el monumento catalán por excelencia.

Exercise 2.2: 1 Gaudí es el arquitecto catalán de más fama.
2 A los 15 años, Antonio Gaudí publicó sus primeros bosquejos.
3 La Sagrada Familia es la obra más conocida de Gaudí. **4** Las torres fueron construidas siguiendo principios acústicos. **5** La Sagrada Familia es a la vez gótica y moderna. **6** La Sagrada Familia fue una creación propia de Gaudí. **7** Muchos arquitectos no quieren que se continúe su construcción. **8** La catedral todavía no está acabada. **9** Según algunos seguidores de Gaudí, la construcción no puede ser continuada por otros. **10** En la Sagrada Familia Gaudí quiso integrar la arquitectura con las artes.

Exercise 2.3: 1 Verdadero. **2** Falso. Estudió en Madrid.
3 Verdadero.**4** Falso. Dalí pintó cuadros religiosos. **5** Verdadero.
6 Falso. Prefiere a los holandeses. **7** Falso. Dalí trató de

reinventar los lentes. **8** Verdadero. **9** Verdadero. **10** Verdadero.
Exercise 2.4: 1 Conocimos a una familia francesa. **2** Tengo dos
amigos cordobeses. **3** Las irlandesas por lo general son
extrovertidas. **4** Estas chicas son catalanas. **5** El equipo de fútbol
madrileño ganó el campeonato. **6** Hay más botes pesqueros
españoles que ingleses. **7** Los jugadores de rugby escoceses y
galeses son muy fuertes. **8** Hasta las barcelonesas son muy
aficionadas al fútbol. **9** Los políticos estadounidenses, alemanes y
japoneses se reunieron en Washington. **10** La música cubana_es
muy popular.

Exercise 2.5: 1 Los hermanos Wright eran estadounidenses.
2 Francisco Franco era gallego (español). **3** Simón Bolívar era
venezolano. **4** Las hermanas Bronte eran inglesas. **5** Lenin era
ruso. **6** Cristóbal Colón era italiano. **7** Dante era italiano.
8 Cervantes era español. **9** Beethoven era alemán. **10** Juana de
Arco era francesa.

Exercise 2.6: 1 Durante los siglos XVI y XVII los
conquistadores lograron colonizar las Américas. **2** En el siglo XV
los españoles consiguieron reconquistar la Península. **3** En 1995
Miguel Indurain logró ganar su quinto Tour de Francia.
4 Mientras estuvo apresado por los moros Cervantes pudo
escaparse repetidas veces. **5** En 1981 el Rey Juan Carlos
consiguió disuadir al ejército de apoyar el golpe. **6** En el año 711
los moros invadieron España y lograron conquistar casi toda la
Península. **7** Aníbal con su ejército y elefantes pudo atravesar los
Pirineos. **8** Cristóbal Colón consiguió obtener el apoyo de los
Reyes Católicos. **9** En julio de 1995 Arantxa Sanchez-Vicario no
pudo ganar la final de tenis de Wimbledon. **10** La democracia
española logró sobrevivir el golpe militar.

Exercise 2.7: 1 Volvieron a salir para la oficina. **2** Volvió a hacer
lo mismo. **3** Volvimos a empezar a trabajar. **4** Vuele a poner el
disco. **5** Volvieron a tocar la pieza. **6** Volvimos a jugar al ajedrez.
7 Volvieron a comprar demasiada comida. **8** ¿Volviste a estudiar
el texto? **9** ¿Volviste a poner la carta en el buzón? **10** No volví a
tomar leche.

Exercise 2.8: 1 Trata de recordar mi número de teléfono.
2 Probamos muchos vinos diferentes. **3** Ella se probó seis pares
de zapatos. **4** Se esforzó mucho, pero no pasó la entrevista. **5** No
es difícil - ¡inténtalo! **6** ¿Por qué no tratas de venderlo? **7** La

corbata que se probó era muy cara. **8** Los alumnos deben
esforzarse más. **9** No trate de engañar al policía. **10** ¿Quién va a
tratar de ganar la carrera?

Exercise 2.9: 1 A 140 kilómetros. **2** Alp. **3** Por la carretera N-
152. **4** Las máquinas pisapistas. **5** Todos, tanto el simple
aficionado como el esquiador de competición. **6** De diciembre a
abril. **7** Aparcamiento y gasolinera. **8** Todo el tiempo. **9** Las largas
colas. **10** Compatibilidad en los pases.

Chapter 3

Exercise 3.1: 1 Andalucía es el área más extensa de España.
2 Doñana es una reserva natural. **3** Es una altiplanicie regada por
el Guadalquivir. **4** Andalucía tiene el promedio de lluvia más alto
de Europa. **5** Muchas civilizaciones se establecieron en la
Península. **6** La Sierra Nevada tiene las cimas más altas de la
Península. **7** En Andalucía hay vestigios de muchas culturas.
8 La ocupación árabe de España duró ocho siglos. **9** Andalucía ha
producido muchos literatos. **10** Las procesiones y romerías de
Semana Santa son manifestaciones religiosas.

Exercise 3.2: 1 Izvila fue el nombre que los árabes le dieron a
Híspalis. **2** Giraldilla es el nombre de una estatua. **3** La Torre del
Oro se construyó originalmente para la defensa de Sevilla.
4 Sevilla era un a ciudad próspera en los siglos XVI y XVII.
5 La tumba de Cristóbal Colón se encuentra en la catedral de
Sevilla. **6** Los jardines y barrios le dan a Sevilla un ambiente
único. **7** 'Carmen', la ópera de Bizet, se desarrolla en Sevilla.
8 Para la feria de abril, Sevilla se cubre de luces. **9** Antonio
Nebrija fue el primer gramático español. **10** Miguel de Cervantes
estuvo encarcelado en Sevilla.

Exercise 3.3: 1 Falso. Fue construida en el siglo II a.C.
2 Verdadero. **3** Falso. La conquista musulmana se limitó a la
parte sur de España. **4** Verdadero. **5** Falso. Mandaron construir
una capilla. **6** Verdadero. **7** Verdadero. **8** Verdadero.
9 Verdadero. **10** Falso. Es un estilo que se aplica a muchos otros
materiales.

Exercise 3.4: 1 Seco y benigno. **2** Al sudeste. **3** Porque es mitad
árabe y mitad cristiana. **4** Dos siglos. **5** En el siglo XI.
6 Colina roja. **7** Militar, administrativo, palatino y religioso.
8 El Generalife. **9** Fue una residencia de recreo y descanso de los

reyes nazaritas. **10** Boadbil.

Exercise 3.5: 1 Falso. En España. **2** Falso. Fueron perseguidos.
3 Verdadero. **4** Verdadero. **5** Verdadero. **6** Verdadero.
7 Verdadero. **8** Falso. Pueden serlo. **9** Verdadero. **10** Falso.
Solamente lo ha sido desde el siglo XIX.

Exercise 3.6: 1 Es ridículo que nosotros nos quedemos solos.
2 Está triste de que su padre no haya querido asistir a su boda.
3 Daba vergüenza que ella se comportase / comportara así. **4** Me
alegro de que Juan nos haya pedido ayuda.   **5** Parece raro que
ellos tarden / hayan tardado tanto en volver. **6** Estaban
sorprendidos de que nosotros hubiéramos llegado tan tarde.
7 ¿Te parece justo que Pedro haya heredado todo? **8** Se
extrañaron de que nosotros nos riéramos tanto. **9** ¿Te duele que
Alberto no te escriba / haya escrito? **10** Es absurdo que tus
padres no te permitan salir de noche.

Exercise 3.7: 1 Es posible que mi hijo salga temprano. **2** Juana
estaba contenta de que Miguel le prestara el libro. **3** Es una
lástima que todos estén enfermos. **4** ¿Te parece que yo sirva de
mediador?. **5** Me parece imposible que no hayas entendido.
6 No es raro que te reconozca. **7** Me molesta que hables mal de
sus padres. **8** Fue increíble que se encontraran de nuevo.
9 Sentimos mucho que se fuera tan pronto. **10** Era natural que lo
quisiera tanto.

Exercise 3.8: 1 Un cristiano que vivía entre árabes. **2** Su
vitalidad creadora. **3** Clásica, cristiana, judía y musulmana.
4 Alfonso X. **5** La preservación y difusión de las mejores ideas y
obras de las civilizaciones griega, judía y árabe. **6** Una cultura
creadora y de altas dotes estéticas. **7** Unos centenares de
palabras. **8** Guadi. **9** Río **10** Las dos se derivan de la palabra
árabe que significa puente.

Chapter 4

Exercise 4.1: 1 Los habitantes del País Vasco conservaron su
raza, costumbres e idioma por estar aislados. **2** El nombre vasco
de Alava, Vizcaya y Guipúzcoa es Euskadi. **3** El País Vasco es una
región más que todo industrial. **4** Los Vascos son genéticamente
singulares en todo el mundo por su tipo de sangre y su
mandíbula. **5** El idioma vasco o vascuence también se conoce
como Euskera, su nombre vasco. **6** El proyecto de la universidad

de Standford tiene como fin trazar el árbol genealógico humano.
7 Se cree que los vascos son los únicos europeos que descienden
del Paleolítico. 8 El origen del Euskera es desconocido. 9 Los
lapones, sardos e islandeses proceden del Neolítico. 10 La idea de
raza es un estereotipo cultural.

Exercise 4.2: 1 Falso. Es Málaga. 2 Falso. Por su obra.
3 Verdadero. 4 Verdadero. 5 Falso. No era famoso. 6 Falso. Por
haber pintado el Guernica. 7 Verdadero. 8 Verdadero.
9 Verdadero. 10 Falso. A España.

Exercise 4.3: 1 Miguel Indurain es un ciclista vasco. 2 Cada
latido puede impulsar más de un litro de sangre. 3 Sus pulmones
son capaces de contener siete litros y medio de aire. 4 Las otras
cosas no son importantes. 5 Sus piernas pueden producir 500
watios de potencia. 6 Su meta es clara. 7 Indurain es el producto
de un físico perfecto y de mucho entrenamiento. 8 Sus músculos
usan más oxígeno de lo normal. 9 Indurain es un deportista
único. 10 Para ser un campeón, es necesario tener una
constitución física perfecta.

Exercise 4.4: 1 Verdadero. 2 Falso. Era de familia rica y noble.
3 Falso. Una tras la otra. Verdadero. 5 Verdadero. 6 Falso.
Ocurrió después de colgar sus armas y confesar sus pecados.
7 Verdadero. 8 Falso. A los cuarenta y siete. 9 Falso. Fue elegido
general. 10 Verdadero.

Exercise 4.5: 1 No me atrevo a hablar español. 2 Convenimos
en salir para San Salvador mañana. 3 Me acuerdo de habértelo
dado ayer. 4 Sueño con ganarme la lotería. 5 No dejes de
escribirnos cada semana. 6 En la fiesta no tardó en aparecer el
vino. 7 Acabamos de verlo cruzar la calle. 8 ¿Quién te enseñó a
tocar el piano? 9 ¿Por qué insiste tanto en servirnos vino? 10 Mi
amigo terminó por comprar una bicicleta.

Exercise 4.6: 1 The day he / she died, his / her daughters could
not stop crying 2 He / she set off running when he / she heard his
/ her name. 3 When the phone rang again, I refused to answer.
4 I am about to leave for Madrid. 5 I thought I had seen him
several time before. 6 He / she never stops telling us what she / he
has done. 7 You were right to say nothing. 8 I got tired of always
eating the same thing. 9 It was yesterday that she started to feel ill
and to insist on going back home. 10 There was no way to make

her understand that she should not go.

Exercise 4.7: 1 De la Edad Media. **2** En España y Francia. **3** Jai alai. **4** La cancha de la pelota vasca. **5** Porque la pelota puede alcanzar velocidades de hasta 300 km/h.

Chapter 5

Exercise 5.1: 1 Falso. El resto de España sí. **2** Verdadero. **3** Falso. El idioma gallego no es celta. **4** Verdadero. **5** Verdadero. **6** Falso. A partir del siglo IX. **7** Verdadero. **8** Falso. Orense no es un puerto. **9** Falso. Finisterre es Galicia. **10** Verdadero.

Exercise 5.2: 1 Desde el siglo IX, se inventaron apariciones de Santiago. **2** Santiago de Compostela rivalizaba con Roma y Jerusalén. **3** Los peregrinos procedían de regiones muy lejanas de Europa. **4** La Ruta Jacobea atraviesa las provincias de Navarra, Logroño y León, entre otras. **5** Aymeric Picaud escribió una guía turística. **6** Después de setecientos kilómetros, el camino conducía a los peregrinos a la catedral de Santiago. **7** Las peregrinaciones ayudaron a la difusión de la cultura europea. **8** Como peregrinos, los delincuentes podían acortar su sentencia. **9** El símbolo de los Jacobitas era una concha. **10** Entre los Jacobitas se incluyen personajes famosos.

Exercise 5.3: 1 Según la tradición, Santiago está enterrado en la ciudad que lleva su nombre. **2** Compostela podría tener su origen en la palabra latina que significa 'cementerio' **3** Las apariciones de Santiago fueron aprovechadas por los cristianos para reforzar la moral de sus tropas. **4** El prestigio del santo patrón de España sirvió para atraer a muchos peregrinos a Santiago a partir del siglo X. **5** La construcción de la catedral se empezó a principios del siglo XI. **6** El Pórtico de la Gloria contiene esculturas que narran la historia de la religión cristiana. **7** La catedral se purifica con incienso. **8** El Año Santo Compostelano se celebra cuando el 25 de Julio cae en domingo. **9** Las gaitas gallegas proveen la música durante las celebraciones. **10** El humo del incensario se eleva y llena la iglesia de un olor reverente.

Exercise 5.4: 1 Si llovía, pasábamos las tardes jugando a las cartas. **2** Se lo daré a mi padre si lo vuelvo a ver. **3** Si fuese verdad lo que dice, yo no le prestaría más dinero. **4** Si mis padres hubieran venido ayer, podríamos haber hablado con ellos. **5** Eso no te habría pasado, si hubieses tenido más cuidado. **6** Sería más simpática si fuera un poco menos tímida y se vistiera mejor. **7** Si te casaras con Ana, su madre se pondría muy contenta. **8** Yo no me habría dejado engañar así, aunque me hubiera ofrecido el mundo **9** Si apruebas el examen yo quedaré satisfecha. **10** Si tú hubieses llegado a tiempo, yo no habría tenido que ir a la policía.

Exercise 5.5: 1. No sé si esto es verdad. **2** No nos habríamos preocupado si hubiéramos sabido que todo estaba bien. **3** Si él tuviera razón, tendríamos que aceptar su idea. **4** Si ella hubiera entrado a / en la casa, lo habría visto. **5** Si me esforzara más, tendría más éxito. **6** Si yo no hubiera tomado tanto anoche, no tendría dolor de cabeza. **7** Si quieres, ven a cenar el sábado por la noche. **8** Si le gusta, ella puede quedarse con él. **9** Si alguien llama, no abras la puerta. **10** Si ellos no hubieran venido temprano, no los habríamos visto.

Exercise 5.6

Infinitive	*Tú*	*Ud.*	*Vosotros*	*Ustedes*
escribir	escribe	escriba	escribid	escriban
meter	mete	meta	meted	metan
trabajar	trabaja	trabaje	trabajad	trabajen
correr	corre	corra	corred	corran

Exercise 5.7: 1 Ayúdenos. **2** Idos. **3** Cásate. **4** Venid. **5** Cómprelo. **6** Dímelo. **7** Venid esta tarde. **8** Llámenme a la diez. **9** Olvidadlo. **10** Coman algo.

Exercise 5.8: 1 No nos ayude. **2** No os vayáis. **3** No te cases. **4** No vengáis. **5** No lo compre. **6** No me lo digas. **7**.No vengáis esta tarde. **8** No me llamen a las diez. **9** No lo olvidéis. **10** No coman nada.

Exercise 5.9: 1 Por su gran variedad. **2** Jamón, carne da vaca, gallina, chorizo, grelos o repollo, patatas y garbanzos. **3** Para la Navidad. **4** La suavidad del pan y la variedad del relleno. **5** El pescado y los mariscos. **6** Las truchas, los salmones, las angulas, las anguilas y los sábalos. **7** En el percebe. **8** El pulpo a la *feira*. **9** Lo que se quiera poner. / De todo. **10** El lacón con grelos.

Chapter 6

Exercise 6.1: 1 La Sierra Madre Oriental, la Sierra Madre
Occidental y Sierra Madre del Sur. **2** La montaña humeante.
3 El nombre oficial del país, Estados Unidos de México. **4** Por
sus contrates y porque todo en México es genuinamente
mexicano. **5** Es el nombre del dios azteca de la guerra. **6** En el
siglo XIX. **7** España. **8** En las áreas desérticas del norte y en los
llanos de Yucatán.

Exercise 6.2: 1 En México hay ruinas de muchas culturas.
2 Palenque da muestras de una arquitectura muy fina. **3** Los
vestigios de Palenque datan de los siglos VII y VIII. **4** Las
pirámides mayas se usaban como sepulcros. **5** No se sabe por qué
la civilización maya se extinguió. **6** Los mayas y los aztecas
usaban el cacao como alimento. **7** El maíz es la base de la
alimentación mexicana. **8** En México hay mas de cuatro mil
variedades de maíz. **9** El tequila se saca del maguey.

Exercise 6.3: 1 Falso. Solamente de viento y percusión.
2 Falso. Llevaron instrumentos de cuerda. **3** Verdadero.
4 Verdadero. **5** Falso. Es un músico. **6** Falso. En toda clase de
celebraciones y fiestas. **7** Verdadero. **8** Verdadero. **9** Verdadero.
10 Falso. Se escucha en todas partes del mundo.

Exercise 6.4: 1 La frontera de México con Estados Unidos tiene
más de tres mil kilómetros de longitud / de largo. **2** El litoral de
México tiene más de diez mil kilómetros de longitud / de largo.
3 El Orizaba tiene cinco mil setecientos metros de altura / de alto.
4 México es el segundo país más extenso de Hispanoamérica y el
más poblado de todos. **5** México D.F., con veinte millones de
habitantes es la ciudad más poblada del mundo. **6** México tiene
uno de los mejores museos arqueológico-antropológicos del
mundo.

Exercise 6.5: Manzanillo está a trescientos cincuenta al
oeste/occidente del Distrito Federal. Mérida se encuentra a
ochocientos kilómetros al este/oriente del Distrito Federal.
Acapulco está doscientos noventa y cuatro kilómetros al sur del
Distrito Federal.

Exercise 6.6: El Amazonas es el segundo río más largo del mundo. El Everest es la montaña más alta del mundo. Bogotá es la tercera capital más alta del mundo.

Exercise 6.7: 1 ¡Qué ciudad más limpia! 2 ¡Qué canciones más románticas! 3 ¡Qué problema más grande! 4 ¡Qué coche más lujoso! 5 ¡Qué casas más caras! 6 ¡Qué ruinas más antiguas! 7 ¡Qué montaña más alta! 8 ¡Qué descubrimiento más importante! 9 ¡Qué comida más variada! 10 ¡Qué espectáculo más interesante!

Exercise 6.8: 1 Este plato es fácil de preparar. 2 Este rompecabezas es difícil de armar. 3 Este problema es imposible de resolver. 4 El coche es complicado de reparar. 5 Palenque no es fácil de visitar. 6 No fue fácil pintar ese cuadro. 7 Será posible predecir el resultado. 8 Es difícil interpretar la novela clásica moderna. 9 Es completamente imposible entender tu letra. 10 Es difícil descifrar las inscripciones en las pirámides.

Exercise 6.9: 1 La codicia de los conquistadores y la ingenuidad de los aztecas. 2 Porque Cortés llegó a México en la época en que se esperaba el regreso del dios Quetzacóatl, según la leyenda. 3 Moctezuma le ofreció regalos y hospitalidad. 4 Se comunicaron por intermedio de una indígena llamada Malinche, quien sirvió de intérprete entre Cortés y los aztecas. 5 Cortés lo hizo prisionero. 6 Porque querían vengarse de Moctezuma por haberlos subyugado. 7 La pólvora y los caballos. 8 Porque habían capturado a Moctezuma. 9 Los españoles llamaron el 30 de junio de 1520 "la Noche Triste" porque esa noche murieron muchos soldados españoles a manos de los aztecas. 10 Muchos murieron a manos de los aztecas; otros se ahogaron en el lago por el peso del oro que llevaban.

Chapter 7

Exercise 7.1: 1 Verdadero. 2 Verdadero. 3 Falso. Fue construido por los españoles. 4 Falso. Martí murió antes de que Cuba ganara la independencia de España. 5 Verdadero. 6 Verdadero. 7 Verdadero. 8 Verdadero. 9 Verdadero. 10 Falso. Martí escribió unos versos que después fueron adaptados a la canción 'Guantanamera'.

Exercise 7.2: 1 En su cuarto viaje Colón desembarcó en Honduras. **2** El principal objetivo de los conquistadores fue encontrar oro. **3** En 1821 la guerra civil terminó con la unión de los países centroamericanos. **4** Guatemala es muy fértil en parte debido a que tiene agua en abundancia. **5** El principal vestigio de la civilización maya en Guatemala es Tikal. **6** A pesar de su avanzada civilización, los mayas no conocieron la rueda. **7** El Salvador es el más pequeño de los países centroamericanos. **8** El Salvador está en una zona que sufre muchos sismos. **9** A la llegada de los españoles a América Central los mayas estaban en decadencia.

Exercise 7.3: 1 El mayor recurso de Honduras son sus maderas. **2** El Lempira debe su nombre a un cacique indio. **3** El maíz ha sido el alimento principal de los hondureños por mucho tiempo. **4** La mayoría de la población hondureña vive en la capital. **5** Managua ha sido destruida varias veces por los terremotos. **6** Aguaraco es el nombre de los indios que ocuparon parte de Nicaragua. **7** Rubén Darío fue un lírico distinguido.

Exercise 7.4: 1 Del turismo y del ecoturismo. **2** Porque el nivel de alfabetismo es de más del 85%. **3** Veinticuatro. **4** Nadie sabe. **5** (El ingeniero francés) Fernando de Lesseps. **6** Por temor al bloqueo de los piratas ingleses. **7** Eliminó casi por completo la fiebre amarilla de la Zona del Canal. **8** En 1914

Exercise 7.5: 1 Ha faltado a su palabra, y resiste toda crítica. **2** Fíjate bien en lo que te digo y no te olvides de cumplirlo. **3** Disfruten de la naturaleza y no abusen de ella. **4** Agradezco tu colaboración; me fío de ti totalmente. **5** Cuando escucha esta canción recuerda mucho a su padre. **6** Siento la muerte de su padre; siempre me acordaré de él. **7** No te fíes de nadie y aguanta todo sin quejarte. **8** Salió de su habitación y entró a / en la de Juan. **9** Miren el libro, y escuchen la cinta. **10** Me acerqué a la caja y pagué la cuenta.

Exercise 7.6: 1 No es que yo la considere antipática.(It's not that I think she's unpleasant.) **2** Se quieren mucho, y no porque las dos sean gemelas. (They're very fond of each other, and not because they're twins.) **3** Lo hizo sin que nadie se diera cuenta. (He did it without anyone realising.) **4** No fue que no quisiera venir. (It wasn't that I didn't want to come here.) **5** No pienses que es cierto. (Don't think it's true.) **6** Creo que Pedro no viene a

196

la fiesta. (I think Pedro won't come to the party.) **7** Parecía que
iba a nevar. (It looked as if it was going to snow.) **8** Me imagino
que tú sacaste buenas notas. (I think you'll get good grades.) **9**
No es cierto que yo te haya mentido. (It isn't true that I lied to
you.) **10** Yo no creo que ellos me puedan vigilar todo el tiempo.
(I don't think they can watch me all the time.)

Exercise 7.7: 1 Uno. **2** Con una familia guatemalteca. **3** Cinco
millones de quetzales. **4** Cuatro meses. **5** En Antigua.

Chapter 8

Exercise 8.1: 1 Por estar situada en la esquina noroeste de
Suramérica a Colombia se le llama la puerta de Suramérica.
2 Colombia debe su nombre a Colón. **3** Los llanos colombianos
se encuentran al oriente / este del país. **4** Colombia, Venezuela y
Ecuador formaron la Gran Colombia. **5** Entre los minerales, el
más abundante en Colombia es el carbón. **6** El café es el primer
producto colombiano de exportación. **7** Alrededor del dos por
ciento del territorio colombiano está dedicado al cultivo de café.

Exercise 8.2: 1 'Venezuela' significa Pequeña Venecia.
2 Venezuela se conoce en el mundo por el petróleo. **3** Los
tepuyes son formaciones rocosas. **4** El salto Angel es la catarata
más alta del mundo. **5** El Territorio Federal Amazonas y el
Estado Bolívar son la Venezuela del futuro. **6** El setenta por
ciento del petróleo venezolano se encuentra en el lago
Maracaibo. **7** El Parque Nacional Canaima está en el Macizo
Guayanés. **8** El petróleo representa el 90% de los ingresos
venezolanos. **9** Venezuela importa casi el 70% de su comida.

Exercise 8.3: 1 Verdadero. **2** Falso. Hay el doble. **3** Verdadero.
4 Falso. Es todavía un turismo naciente. **5** Falso. Su objetivo es
acercar al visitante a la naturaleza y brindarle la oportunidad de
conocer el bosque tropical húmedo. **6** Verdadero. **7** Verdadero.

Exercise 8.4: 1 Lo que tienes que hacer es acostarte temprano y
dejar de pensar en tu problema. **2** Es ella la que tiene que
hacerlo, no yo. **3** No sé lo que va a pasar cuando mi padre se
entere. **4** ¿Son éstos tus libros o los de tu amiga? **5** No te burles
del hombre con el que voy a casarme pronto. **6** Tenemos lo
necesario. **7** Lamento lo que te dije - discúlpame, por favor.
8 La cama en la que ella duerme no es muy cómoda. **9** La dama

por la que Don Quijote hacía todo se llamaba Dulcinea. **10** Fue
mi amigo el que regresó tarde anoche.

Exercise 8.5: Se ponen en una fuente los pimientos y los
tomates. Se rocían con un poquito de aceite crudo y se asan al
horno. Después de asados se dejan reposar por una hora y se
pelan. Una vez pelados, se pican y se ponen en una sartén con el
resto del aceite crudo, el ajo y los cominos (previamente
machacados con un poco de sal) y 1/4 de litro de agua. Se ponen
a hervir durante 15 minutos , se añade el huevo duro troceado, y
se deja hervir por otros 5 minutos.

Exercise 8.6: lo que se necesita (what one needs); se le ofrece
(you are offered); se encarga de todo (takes charge of
everything); escápese (escape); preocuparse de (to be concerned
about); se escape (escapes); relajarse (to relax); anímese (go for
it); diviértase (enjoy yourself); se adueña (dominates); no se
pierda el tour (don't miss the tour).

Exercise 8.7: 1 La semana anterior. **2** Porque quiere alquilar un
coche. **3** Depende de la clase de vehículo. **4** Un Renault 19. **5** En
Maiquetía. **6** No lo puede ni recoger ni entregar. **7** Veinte tres
años de edad, mínimo tres años de experiencia y pagar por
adelantado. **8** Llenar el tanque de gasolina. **9** Con tarjeta de
crédito. **10** Ir a la oficina de Servicar en llegadas y enseñar su
comprobante.

Chapter 9

Exercise 9.1: 1 El aymará es un idioma preincaico. **2** El volcán
Pichincha está cerca de Quito. **3** Los Andes dominan la
topografía del Ecuador. **4** Las islas Galápagos también se llaman
el archipiélago Colón. **5** Lo más característico de las islas
Galápagos son las tortugas gigantes. **6** En las islas hay setenta y
siete especies de aves únicas. **7** En 1832 Ecuador se apoderó de
las islas Galápagos. **8** Las islas Galápagos fueron descubiertas por
los españoles. **9** La visita de Darwin a las Galápagos le ayudó a
confirmar su teoría de la evolución.

Exercise 9.2: 1 Falso. Tiene una topografía muy montañosa.
2 Falso. Está en la costa. **3** Verdadero. **4** Falso. También se usan
para la producción de carne, lana y leche. **5** Verdadero.

6 Verdadero. **7** Falso. No son los indios. **8** Verdadero. **6** Falso.
Terminan en las cimas vecinas a Nazca. **9** Falso. Son dibujos de
animales. **10** Verdadero.

Exercise 9.3: 1 Los españoles llamaron a Bolivia el Alto Perú
por su semejanza con Perú. **2** Bolivia tomó su nombre de el
Libertador. **3** La meseta boliviana es una de las regiones más
elevadas del mundo. **4** Setenta por ciento de Bolivia está casi
completamente despoblado. **5** En el altiplano boliviano hay
grandes minas. **6** En 1884 y 1935 Bolivia se vio envuelta en
disputas limítrofes. **7** La quena, el pinkillo y el siku son
instrumentos originarios de Bolivia. **8** Cada año a orillas del lago
hay una celebración en honor de Manco Capac. **9** Tihuanaco
todavía guarda muchas incógnitas.

Exercise 9.4: 1 ¿De quién es ese coche? **2** El vive con mi
hermano, el cual trabaja en la misma ciudad. **3** El es el hombre
cuya esposa murió ayer. **4** Soy el hombre cuyo coche se averió.
5 Perú, que tenía una de las más avanzadas civilizaciones
precolombinas, es rico en minerales. **6** Manco Capac, quien fue
el primer inca, salió del lago. **7** Vimos muchas estatuas gigantes
cuyo origen es desconocido. **8** Esa es la chica cuyo padre es mi
amigo. **9** ¿De quién son estos instrumentos? **10** Los indios,
quienes no tienen mucha tierra, son muy ingeniosos.

Exercise 9.5: 1 Después de enviudar, la condesa siempre estaba
de luto y se vestía de negro. **2** Los animales nocturnos duermen
de noche y son activos de día. **3** Cuando voy de viaje siempre me
quedo en hoteles donde sirven buena comida.   **4** Aunque no
estaba de turno el policía detuvo al ladrón. **5** Un actor tiene que
aprender sus líneas de memoria. **6** No puedo parar ahora. Estoy
de prisa. **7** Se ha reído mucho hoy. Está de buen humor. **8** No
me pudiste ver porque estabas de espaldas a la ventana. **9** Lo
necesito para ya. Hágalo de prisa. **10** Me sorprendió porque llegó
de improviso.

Exercise 9.6: 1 He comido bastante. **2** Es demasiado pesado / -
a para cargarlo / -la. **3** Bebieron demasiado vino. **4** El tiene
demasiados problemas. **5** Este café no tiene suficiente azúcar.
6 La escalera es bastante alta. **7** Hay demasiada gente. **8** Ud.
conduce demasiado rápido. **9** Tenemos bastante que aprender.
10 ¿Quién tiene bastante dinero?

Exercise 9.7: 1 Perú. **2** Henry Meiggs. **3** Treinta y ocho.
4 Ticlio. **5** 171 kilómetros. **6** 61 puentes y 66 túneles. **7** Por las
duras condiciones de los Andes. **8** Contrató obreros chinos y
chilenos. **9** En Chile. **10** Porque murió antes de que fuese
terminado.

Chapter 10

Exercise 10.1: 1 están. **2** lugar. **3** convergen. **4** se precipita.
5 Narra. **6** se escapaba. **7** adorada. **8** el tiempo. **9** caen. **10** ruido.

Exercise 10.2: 1 De Buenos Aires y se llama rioplatense. **2** Por
ser bailado por hombres en esquinas callejeras , en áreas pobres y
marginadas. **3** La música gitana. **4** Carlos Gardel. En Medellín,
Colombia. **5** Después de la primera Guerra Mundial. **6** La
milonga argentina, la habanera cubana y el flamenco español.
7 La dignidad y las aspiraciones de los desclasados. **8** En Buenos
Aires. **9** El baile y la música. **10** La flauta, el piano y el
bandoneón.

Exercise 10.3: 1 Falso. desde 1888. **2** Verdadero. **3** Falso. La
estatua estaba sin terminar. **4** Verdadero. **5** Verdadero.

Exercise 10.4: 1 ¿Cómo quieres tu whisky? ¿Con agua y hielo?
2 Con la muerte de Felipe e Isabel, quedaron sin hijos.
3 ¿Cuántos nietos tienes? - Siete u ocho? **4** No son chilenos, sino
argentinos. **5** No conozco su poesía, pero sí he leído una novela
suya.

Exercise 10.5: 1 He / she is terrified of darkness. **2** The witness
testified under oath. **3** It happened under Roman rule. **4** They
preferred to do it by hand. **5** The ruins are ten kilometres from
here. **6** The ceremony had to take place in the rain. **7** The
children are frightened of the dogs. **8** It was 9 o'clock when we
arrived. **9** The manager keeps the money under lock and key.
10 They sell them at five pesos per kilo.

Exercise 10.6: 1 A mi parecer es mejor caminar. **2** Viven bajo
un árbol. **3** Mi hermano le tiene miedo a su profesor. **4** Prefiero
escribir mis cartas a mano. **5** Fuimos a Francia e Italia. **6** Fue
aquí donde él murió. **7** Ella vivía al pie de la colina. **8** Mi abuela
vive abajo. **9** Le tiene amor al dinero. **10** Viven a orillas del Tajo.

Exercise 10.7: 1 lavarse. **2** bailar. **3** montando **4** estar.
5 caminando. **6** escuchar. **7** estar. **8** nadando. **9** buscando.
10 volando.

Exercise 10.8: 1 Al terminar sus deberes se dio cuenta de que
ahora entendía. **2** Estamos hablando de la economía. **3** Antes de
morir, el preso confesó su crimen. **4** No está corriendo muy
rápido este año. **5** Ella no se siente bien. **6** Sin ver la carta, no
puedo decidir nada. **7** Mi pasatiempo favorito es ir al teatro.
8 Después de ganarse la lotería, empezó a tomar. **9** El está
trabajando duro en su nuevo libro. **10** La niña se tomó la
medicina sin llorar.

Exercise 10.9: 1 Significa 'hombre de la tierra'. **2** Por tres siglos.
3 Alrededor de un millón. **4** El padre de familia. **5** La llegada de
los incas. **6** Araucanos. **7** La chueca. **8** De criadas y camareros.

Mini Dictionary

A

a caballo entre straddled across
a ciencia cierta with certainty
a diferencia de unlike
a lo largo de along
a lo mejor perhaps
a más de in addition to, besides
a medida que uno se acerca as you get near
a menudo often
a mitad de precio at half price
a orillas on the shores
a pesar de in spite
a punto ready
a simple vista with the naked eye
a través de through, via
abarca *(abarcar)* covers
aceras, *(f)* pavements, sidewalks
acercar to bring nearer
acero, *(m)* steal
acertado *(acertar)* got it (right)
aconsejar to advise
acueducto, *(m)* aqueduct
aficionado, *(m)* amateur
agobiante grinding
agregaron *(agregar)* added
agrícola agricultural
águila real, *(f)* golden eagle
aíslan *(aislar)* isolate
al igual que like
alberga *(albergar)* gives shelter
alcacel, *(m)* barley field
alcachofa, *(f)* artichoke
alcantarilla, *(f)* sewer
alcatraz, *(m)* gannet
alcoba, *(f)* bedroom
aldea, *(f)* village
alejada isolated
alfabetismo, *(m)* literacy
alfarería, *(f)* pottery
alfarero, *(m)* potter
alfiler, *(m)* pin

alfombrada *(alfombrar)* covered

algo something
algodón, *(m)* cotton
aliado, *(m)* ally
alimenticio food (product)
alma, *(f)* soul, heart
almacén, *(m)* store, shop
almacenar to store, to stock
almeja, *(f)* cockle
almíbar, *(m)* syrup
almohada, *(f)* pillow
aloja *(alojar)* houses, shelters
alojamiento, *(m)* lodgings
alojar hold
alojarse to lodge, to stay
alquilar to hire
alquiler de esquís, *(m)* ski hire
altiplanicie, *(f)* plateau
altiplano, *(m)* plateau
alto (lo) the top (of mountains)
altozano, *(m)* hillock
alumbre, *(m)* alum
alusiva allusive, referring to
amarillento yellowish
ambiente, *(m)* ambience, atmosphere
ambos both
amenaza, *(f)* threat
amo, *(m)* master
amparo, *(m)* refuge
añade *(añadir)* adds
ancestro, *(m)* background, ancestry
anchura, *(f)* width
andino Andean
anguila, *(f)* eel
angula, *(f)* baby eel
animado lively, colourful
animar to urge on
añoranza, *(f)* evocation, nostalgia
aparición, *(f)* appearance
apenas just

aprovechar to take advantage of
apta suitable
ara, *(m)* altar
araña, *(f)* spider
arco de herradura, *(m)* horseshoe arch
arco iris, *(m)* rainbow
arduo hard, exhausting
arma de fuego, *(f)* fire arm
arrabal, *(m)* slum
arraigo, *(m)* enduring popularity
arrancado de torn from (the pages of)
arremetió *(arremeter)* attacked
arribo, *(m)* arrival
arroyo, *(m)* stream
arroz, *(m)* rice
artefacto, *(m)* object, artefact
artesanía, *(f)* crafts
artesano, *(m)* craftsman
artículo deportivo, *(m)* sports item
asa, *(f)* handle
asegurarse ensure
asistir attend
asno, *(m)* donkey
asombroso amazing
aspa, *(f)* arm, blade
ataúd, *(m)* coffin
aterrizó *(aterrizar)* **forzosamente** crash-landed
aterrorizar to terrorise
atestiguan *(atestiguar)* bear witness
atropellado run over
auge, *(m)* peak
augurio, *(m)* omen
autóctona indigenous
ave, *(f)* bird
aviador, *(m)* pilot
azafrán, *(m)* saffron
azúcar, *(m)* *(Spain)*, *(f)* *(LAmerica)* sugar
azucena, *(f)* water lily
azufre, *(m)* sulphur
azulejo, *(m)* (ornamental) glazed tile

B

bahía, *(f)* bay

bailaor, *(m)* flamenco dancer
baile, *(m)* dancing
bandoneón, *(m)* small accordion
barca de junco, *(f)* reed boat
barco de vapor, *(m)* steam boat
báscula, *(f)* weighing scales
bases, *(f)* foundations
bastar to be enough
beatificado beatified
bebida, *(f)* drink
biblioteca, *(f)* library
bigote, *(m)* moustache
billete de regreso, *(m)* return ticket
blanco, *(m)* target
boda, *(f)* wedding
bombardeo, *(m)* bombing
bombear to pump
borde, *(m)* lining
bosque tropical húmedo, *(m)* tropical rain forest
bosque, *(m)* woods, forest
bosquejo, *(m)* sketch, drawing
brazo, *(m)* arm
brevemente for a short time
brindarle *(brindar)* to offer
buque ballenero, *(m)* whaling ship

C

caballeresco chivalresque
caballero, *(m)* knight
cacao, *(m)* cocoa
cacique, *(m)* chieftain
cadencia, *(f)* cadence, rhythm
cafetal, *(m)* coffee plantation
calamar, *(m)* squid
caldeira (en) stewed (in a pot)
cálido hot
califa, *(m)* Caliph
camarón, *(m)* prawn
camino, *(m)* track
campana de oro, *(f)* golden bell
campesino, *(m)* farmer, peasant
campiña, *(f)* countryside
campo petrolífero, *(m)* oil field
caña, *(f)* cane
cancha, *(f)* court
cañón, *(m)* ravine, canyon

canonizado canonised
cantante, *(m)* singer
cante, *(m)* singing, song
caraqueño, *(m)* from Caracas
carbón, *(m)* coal
cárcel, *(f)* prison
carmín bright red
carne, *(f)* beef
carrera, *(f)* career
caseta, *(f)* temporary hut
casi no hay Mapuches there are
  almost no Mapuches
castaño brown
catarata, *(f)* waterfall
caudaloso (river) carrying a high
  water volume
caverna, *(f)* cave
cayó en manos *(caer)* fell into the
  hands
cayo, *(m)* key, islet
cebado fattened
cebolla, *(f)* onion
cedro, *(m)* cedar
celtíbero, *(m)* Celto-Iberian
centenar, *(m)* hundred
centenaria ancient, old
centolla, *(f)* spider crab
cerámica, *(f)* pottery
certeza, *(f)* certainty
cesta, *(f)* basket
charango, *(m)* South American
  stringed instrument made from the
  armadillo shell
charro, *(m)* Mexican cowboy
chocante shocking
choco, *(m)* cuttlefish
cientos hundreds
ciervo, *(m)* deer
cima, *(f)* summit
circunda *(circundar)* surrounds
ciudad regia, *(f)* royal city
cobardes coward (adj)
cobre, *(m)* copper
codicia, *(f)* greed
cofradía, *(f)* brotherhood
colgante hanging
colgar to hang
colibrí, *(m)* humming bird
colina, *(f)* hill

colorido, *(m)* character
comercio exterior, *(m)* foreign
  trade
comida, *(f)* food
comparte con *(compartir)* shares
  with
comprobante, *(m)* receipt
con el fin de in order to
con este propósito for this purpose
con gran valor with great bravery
concha, *(f)* shell
condena, *(f)* sentence
confesar sus pecados to confess
  one's sins
confieren *(conferir)* confer
conjunto, *(m)* set, complex
conjuntos, *(m)* (musical) groups
cono sur, *(m)* the Southern cone of
  South America
constitución física, *(f)* physique
construyó *(construir)* built
consumido *(consumir)* eaten
convivencia, *(f)* coexistence
cordillera, *(f)* mountain range
corona, *(f)* crown
corte, *(m)* cutting, harvest
cosecha, *(f)* crop
costarricense Costa Rican
cotizado valued, sought after
crece *(crecer)* grows
crecimiento, *(m)* growth
cría de animales, *(f)* animal
  husbandry
criadas, *(f)* maids
criollo local, vernacular
cruza *(cruzar)* crosses
cualquier aeropuerto any airport
cualquiera que sea el estado
  whatever the state
cuartel, *(m)* barracks
cuchara, *(f)* spoon,
cuenta con *(contar)* has
cuento, *(m)* story
cuerda, *(f)* rope
culminado *(culminar)* finished
cultivo, *(m)* farming
cumbre, *(f)* summit
cuna, *(f)* cradle
cuña, *(f)* wedge

curar (quesos) to cure (cheeses)
cúspide, *(f)* height, pinnacle
D

da *(dar)* **lugar** causes
dado que given that
dama durmiente, *(f)* the sleeping lady
dan empuje a drive
daño, *(m)* injury
data de *(datar)* dates from
de acuerdo *(estar)* to agree
de atrás back, rear
de la nada out of nothing
de que habían sido objeto which they had been subjected to
de veras truly
de vez en cuando from time to time
debe su nombre owes its name
debido a esto owing to this
decaer to decline
dependendiendo *(depender)* depending
derecho right
derrota, *(f)* defeat
derrotar to defeat
derrumbada *(derrumbar)* pulled down
desarrollo, *(m)* development
desclasados, *(m)* the underclasses
descuellan *(descollar)* stand out
deseable desirable
desembarcó *(desembarcar)* to land
desembocadura, *(f)* estuary
desempeñaba *(desempeñar)* **un papel** played a role
deseo, *(m)* wish
desesperante unbearable,
deshabitada uninhabited
deshielos, *(m)* thaw, melting
desigual unequal
desnivel, *(m)* the fall, incline
despejado cloudless
despensa, *(f)* larder
despliega *(desplegar)* displays
despoblada unpopulated
despojo, *(m)* loot, booty
destacar to highlight
destreza, *(f)* skill
deuda externa, *(f)* external debt

devuelta *(dar)* returned
diablo, *(m)* devil
dibujo, *(m)* drawing
diezmado decimated
diezmaron *(diezmar)* decimate, kill
diminuta minute
diseño, *(m)* design
disponer de to have (facilities)
distorsionado distorted
diversidad sanguínea, *(f)* blood type diversity
divisa, *(f)* foreign exchange
domingo de Pascua, *(m)* Easter Sunday
doncella, *(f)* maiden
echar mi suerte to throw my lot (with the poor)

E

Edad Media, *(f)* the Middle Ages
ejerce *(ejercer)* to exert
ejército, *(m)* army
elevado high
embistió *(embestir)* charged
emblema, *(m)* emblem, symbol
emocionante exciting
empanada, *(f)* pasty
empotrado built in
emprendedor entrepreneurial
en busca de in search of
en gran medida to a great extent
en gran parte to a large extent
en manos de particulares in private hands
en realidad truly, in reality
en un principio at the beginning
en vías de in the process of
enamorado de in love with
encantado enchanted
encanto, *(m)* charm, enchantment
encierra *(encerrar)* holds
enclavada entre bordered by
encrucijada, *(f)* cross roads
enemistad, *(f)* hatred, dislike
engrasada *(engrasar)* lubricated
enriquecieron *(enriquecer)* enriched
enseñanza, *(f)* teaching
entorno, *(m)* surroundings

entrada, *(f)* inlet
entrar en batalla to go into battle
entregar to return
entregarse a to devote oneself to
envuelta *(envolver)* involved
envuelto en un velo de misterio y leyenda shrouded in mystery and legend
época de caballerías, *(f)* era of chivalry
equipo, *(m)* team
equitación, *(f)* horsemanship
era interpretada (the music) was played
erigida *(erigir)* erected
ermitaño, *(m)* hermit
erosionado worn out
es capaz is capable
es fuente is the source of
escalera, *(f)* staircase
escarpada falda, *(f)* craggy slope
escasa scarce, limited
escasamente thinly, sparsely
escoria, *(f)* slag, dross heap
escondida hidden
escudero, *(m)* squire
escudo de armas, *(m)* coat of arms
esfuerzo científico, *(m)* scientific effort
especie, *(f)* variety
espejo, *(m)* mirror
esplendor, *(m)* splendour, grandeur
espoleó *(espolear)* to stir up on
espuma, *(f)* foam
esquiador, *(m)* skier
esquina, *(f)* corner
estación invernal, *(f)* winter season
estación rastreadora de satélites, *(f)* satellite tracking station
estadía, *(f)* stay
estaño, *(m)* tin
estanque, *(m)* pond
estatura, *(f)* height
estirarse stretch
estrecha narrow
estrechamente ligado closely linked
estrecho narrow
estruendo ensordecedor, *(m)*
deafening noise
estuario, *(m)* estuary, delta
evitar avoid
evolucionó, *(evolucionar)* evolved
extenso vast

F

fachada, *(f)* façade
falta de lluvia, *(f)* lack of rain
fanaticada, *(f)* fan club
feira (a la) Fair style
fenicio Phoenician
fenómeno de la naturaleza, *(m)* a unique human being
fiera fierce
floreciente flourishing
flujo, *(m)* flow
fluvial pertaining to rivers
fomentaron *(fomentar)* encouraged
fomentó *(fomentar)* promoted
fondo, *(m)* background
forestal timber *(adj.)*
forjado, *(m)* forging (metal)
fortaleza, *(f)* fortress
fracasaron *(fracasar)* failed
fracaso, *(m)* failure
franja, *(f)* strip (of land)
fuente, *(f)* fountain
fuerza de choque, *(f)* spearhead
fútil trivial, pointless

G

gaditana from Cadiz
gaita, *(f)* wind pipe
gallega Galician
gallega (a la) Galician style
ganadería, *(f)* cattle breeding
garbanzos, *(m)* chick peas
gasolinera, *(f)* petrol station
gaviota, *(f)* seagull
gente, *(f)* people
genuinamente mexicano genuinely Mexican
gitano, *(m)* gypsy
gobernante, *(m)* governor
gozan *(gozar)* to enjoy

granito, *(m)* granite
grano, *(m)* bean
grelo, *(m)* parsnip/turnip tops
guacamayo, *(m)* macaw
guantanamera, *(f)* (Goajiro indian)
from Guantanamo
guaraní Guarani (indian)
guarda *(guardar)* harbours, keeps
guardería infantil, *(f)* child care
guatemalteco, *(m)* Guatemalan
guerrero, *(m)* warrior
gusto establecido, *(m)* conventional
taste

H

ha experimentado has experienced
ha llegado *(llegar)* a ser has become
ha ocasionado *(ocasionar)* has
caused
habanera, *(f)* Cuban dance
haber derrotado to have defeated
habían jugado *(jugar)* un papel had
played a role
hace *(hacer)* parte de is part of
hace un buen tiempo it's been long
enough
hacer batalla to battle
hallazgo, *(m)* finding
hambre, *(f)* hunger
han mantenido *(mantener)* have
kept
haza, *(f)* small plot of (arable) land
hecho, *(m)* event
herencia, *(f)* inheritance
herradura, *(f)* horseshoe
herramienta, *(f)* tool
herreriana herrerian
hierro, *(m)* iron
hilo, *(m)* fibre, cotton
holandés Dutch
hondureña, *(f)* Honduran
hospedarse to lodge, to stay
hospedería, *(f)* hostel, inn
huella, *(f)* trace, imprint
huía *(huir)* was fleeing
hulla, *(f)* coal
humo, *(m)* smoke

I

idioma, *(m)* language
iluminación pública, *(f)* street
lighting
implemento, *(m)* tool
imprenta, *(f)* printing press
impuesto, *(m)* tax
impulsar to propel
incendio, *(m)* a fire
incensario incense burner
incluso including
indeleble indelible
industria conservera, *(f) canning
industry*
industria ferroviaria, *(f)* railway
industry
ingeniada made up, contrived
ingeniaron *(ingeniar)* contrived
ingenio, *(m)* sugar cane mill
ingenuidad, *(f)* naivety
ingresó *(ingresar)* to enrol
inhóspito inhospitable
instrumento de cuerda, *(m)*
stringed instrument
instrumentos de viento y
percusión wind and percussion
instruments
intento, *(m)* attempt
interpretación pública, *(f)* public
showing, performance
interpuesta *(interponer)* interposed
intrincado intricate
inundación, *(f)* flood
islandés, *(m)* Icelander
islote, *(m)* rocky island
istmo, *(m)* isthmus
izquierdo left

J

jaca, *(f)* small horse
jarra, *(f)* jug
jinete, *(m)* horse rider
jóvenes, *(m)* young people
juego, *(m)* gambling
jugar un papel to play a role

junto con together with
juventud, (f) youth

L

la vida le fue muy ardua, (f) life
was very hard for him
laborioso hard working
lacón, (m) shoulder of pork
ladera, (f) hillside
langosta, (f) lobster
langostino, (m) king prawn
lanza (lanzar) throws
lanzó (lanzar) launched
lapón, (m) Laplander
lastimosamente alas, sadly
late (latir) beats
le dieron (dar) **vida** brought it to
life
le obsequió (obsequiar) gave him
lección de historia, (f) history
lesson
lecho, (m) river bed
lenguado, (m) sole
lenta slow
lentamente slowly
lente, (m) lens
letra, (f) lyrics
líder, (m) leader
lienzo, (m) canvass
limítrofe border (adj.)
litoral, (m) shoreline
llano, (m) plains
llanura, (f) plains
llegada, (f) arrival
lleva dos siglos cultivándose has
been grown for two centuries
lo demás everything else
lo difícil the difficult thing to do
lo sitúa (situar) places it
lo único the only thing
lograron (lograr) managed
longitud, (f) length
los mismos mexicanos, (m) the
Mexican themselves
lubina, (f) sea bass
lucha, (f) struggle
luego later
lupa, (f) magnifying glass

M

macizo, (m) massif
madera, (f) wood, timber
mala artes, (f) trickery, deceit
maltrecho battered, injured
mandé (mandar) sent
mandíbula, (f) jaw
mandó (mandar) ordered
manejo del caballo, (m) horse
control
máquina pisapistas, (f) a snow
levelling machine
máquina, (f) the machine (the
body)
maquinaria, (f) machines
marca, (f) marking, line
marcadamente considerably
margen, (f) (river) bank
marisco, (m) sea food
marisma, (f) marsh
más me convenzo (convencer) I am
more convinced
más que nada mostly
matiz, (m) nuance
me matriculé (matricularse)
enrolled, registered
mejillón, (m) mussel
mejoramiento, (m) improvement
menos en except for
mercancías, (f) goods, merchandise
meridional southern
merluza, (f) hake
mero, (m) grouper
meseta, (f) plateau
mezcla, (f) mixture
mezquita, (f) mosque
milagro, (m) miracle
milenio, (m) millennium
milonga, (f) an Argentinian dance,
precursor of the tango
minarete, (m) minaret
mitad, (f) half
mole, (m) spicy chocolate sauce
molienda, (f) milling (of sugar cane)
molino de viento, (m) wind mill
mono, (m) monkey

montaña humeante, *(f)* the
  smoking mountain
montaña vecina, *(f)* neighbouring
  mountain
montañoso mountainous
monte, *(m)* the mountains
morfología, *(f)* morphology,
  structure
moro, *(m)* moor
muchedumbre, *(f)* crowd
muerte, *(f)* death
muestra, *(f)* example
muralla, *(f)* (city) wall
muro, *(m)* wall
musulmán, *(m)* Muslim
muy accidentada very rugged

N
nacido born
naciente emerging
nacimiento, *(m)* birth
nació *(nacer)* to be born
nada menos que not less than
nave, *(f)* nave
navegante, *(m)* sailor
negruzca blackish
nicaragüense Nicaraguan
niebla, *(f)* fog
nieve perpetua, *(f)* permanent
  snow
nítida clear
no es necesario que se ponga así
  there is no need for that
no hace falta it is not necessary
no huyáis *(huir)* don't flee, don't
  run away
no obstante nevertheless
no sólo not only
norteño from the north
novela de caballería, *(f)* a
  chivalresque novel
nube, *(f)* cloud

O
obispado, *(m)* bishopric
obreros, *(m)* workers
ocupa *(ocupar)* employs

ojalá God willing
ojival ogival
ombligo, *(m)* navel
óptimo best
oración, *(f)* prayer
osado daring
oso hormiguero, *(m)* ant eater
ostra, *(f)* oyster
otorga *(otorgar)* confers

P

pagar por adelantado to pay in
  advance
paiño, *(m)* petrel
paisaje, *(m)* landscape
pájaro carpintero, *(m)* woodpecker
palabra, *(f)* word
palatina palatial, palatine
palma, *(f)* palm tree
pan, *(m)* pastry
pantalla, *(f)* screen
para colmo de las desgracias to
  cap it all
para ese entonces by then
parador, *(m)* state-owned hotel
parrilla, *(f)* gridiron, grill
pasar de moda to go out of fashion
pase, *(m)* ski pass (document)
pasear to go sight seeing
**Patrimonio Cultural de la
  Humanidad,** *(m)* Cultural
  Heritage of Humanity
patrocinada sponsored
patrón, *(m)* pattern
pelo oscuro, *(m)* dark hair
pelota de mano, *(f)* handball
pendiente, *(f)* slope
percebe, *(m)* barnacle
pérdida, *(f)* loss
peregrinación, *(f)* pilgrimage
pergamino, *(m)* parchment
permanecer sentado to remain
  seated
permaneció *(permanecer)* remained
pertenece *(pertenecer)* belongs
pesca, *(f)* fishing, fish
pesquera fishing (region)
pico, *(m)* peak, height

piedra preciosa, *(f)* precious stone, jewel
pimiento, *(m)* peppers
pincelada, *(f)* brush stroke
pinkillo, *(m)* South American whistle flute
pintoresca picturesque, colourful
pinzón, *(m)* finch
pista, *(f)* piste, ski slope, runway
pizca de sal, *(f)* a pinch of salt
plancha (a la) grilled
plasmar to forge
plateresca plateresque
plaza, *(f)* place
plenamente fully
pleno esfuerzo, *(m)* maximum effort
plomo, *(m)* lead
pluviosidad, *(f)* rain fall
poblado populated
poder, *(m)* power, possession
polea, *(f)* pulley
política, *(f)* politics
político, *(m)* politician
pólvora, *(f)* gunpowder
por consiguiente consequently
por lo menos at least
por supuesto obviously, of course
por temor for fear
por una extraña coincidencia by a strange coincidence
potro cerril, *(m)* bronco, wild horse
preceden *(preceder)* precede
precipitación, *(f)* rainfall, precipitation
predominantemente predominantly
presagiado *(presagiar)* foretold
presidida *(presidir)* presided
presta *(prestar)* **atención** pays attention
Primado Primate, Cardinal
productor mundial, *(m)* world producer
profundidad media, *(f)* an average depth
promedio, *(m)* average
promontorio, *(m)* promontory, hill
proporción, *(f)* ratio

propósito, *(m)* purpose
proveniente coming from
proviene *(provenir)* originates
pueblo, *(m)* civilisation
pulpo, *(m)* octopus
pulsaciones, *(f)* beats
punto cardinal, *(m)* cardinal point
punto de descanso, *(m)* resting point
puso fin *(poner)* put an end

Q

queda *(quedar)* is located
quedan *(quedar)* remain
quemado *(quemar)* **vivo** burnt alive
quena, *(f)* South American notched flute
quincena, *(f)* fortnight
quítate de ahí out of the way

R

rabo, *(m)* tail
radicarse to establish oneself
raíz, *(f)* root, stem
ramo de flores, *(m)* bouquet
raqueta, *(f)* racquet
rasgos, *(m)* characteristics
rayo láser, *(m)* laser ray
razón de ser, *(f)* raison d'être
rebote, *(m)* bounce
recibirlo to greet him
recinto, *(m)* place
recoger to pick up
reconquistada *(reconquistar)* recaptured
recuperar su dignidad regain their dignity
recursos petrolíferos, *(m)* oil resources
recursos, *(m)* resources
red, *(f)* network
reducido *(reducir)* **a escombros** razed to the ground
refugiado, *(m)* refugee
refulgiendo *(refulgir)* shining
regada *(regar)* irrigated
regadío, *(m)* irrigation

rehén, *(m)* hostage
reinado, *(m)* reign
reliquia, *(f)* relic
relleno, *(m)* filling
reloj, *(m)* watch, clock
remonte, *(m)* lift
Renacimiento, *(m)* the Renaissance
renombre (de más), *(m)* best
known
renta nacional, *(f)* national income
reo, *(m)* prisoner
repartido scattered
repollo, *(m)* cabbage
repostería, *(f)* confectionery
restos, *(m)* remains
resulta *(resultar)* que it emerges that
reto, *(m)* challenge
retrasos, *(m)* delays
retumba *(retumbar)* reverberates,
echoes
reúne *(reunir)* brings together
revés, *(m)* defeat
rezar to pray
ría, *(f)* estuary
ribera, *(f)* (river) bank
riguroso hard, severe
riña, *(f)* fight
rincón, *(m)* corner
rioplatense from the Buenos Aires
region
rodaballo, *(m)* turbot
rodeada surrounded
romería, *(f)* pilgrimage, journey
rugido, *(m)* roar
rupestre rupestrian, rock (adj.)
ruta alterna, *(f)* alternate route

S

sábalo, *(m)* shad
sabor, *(m)* flavour
saborear to relish, to appreciate
sacerdote, *(m)* priest
sacristía, *(f)* sacristy
sala de fiesta, *(f)* party room
salpicada sprinkled
salto, *(m)* waterfall
saque, *(m)* serve
sardo, *(m)* Sardinian

se abastecían *(abastecerse)* were
supplied
se adoba *(adobar)* is seasoned
se ahogaron *(ahogarse)* drowned
se asemeja *(asemejarse)* looks like
se caía *(caerse)* fell
se conjugan *(conjugarse)* blended
together
se convirtió *(convertirse)* became
se cuentan *(contarse)* include
se dejó guiar *(dejarse)* allowed
himself to be guided
se deleita con *(deleitarse)* enjoys,
delights in
se derrite *(derretirse)* melts
se desborda *(desbordarse)* drops,
overfalls
se desgajan *(desgajarse)* fall
se destacan *(destacarse)* stand out
se dieron cuenta *(darse)* realised
se dirigieron *(dirigirse)* went to
se diversifique *(diversificarse)*
diversify
se dividen *(dividirse)* en tres ramas
split into three branches
se elevan *(elevarse)* raise
se encomendó *(encomendarse)* put
his trust in
se encuentra *(encontrarse)* is found
se enorgullecen *(enorgullecerse)* are
proud
se estableció *(establecerse)*
established itself
se estancan *(estancarse)* stop (to
flow)
se extendió *(extenderse)* expanded
se extienden *(extenderse)* hasta they
reach as far as
se formó *(formarse)* was formed
se ganó *(ganarse)* earned
se hallan *(hallar)* are found
se han asentado *(asentarse)* have
established themselves
se impuso *(imponerse)* got
established
se inauguró *(inaugurarse)* opened
se iniciaron *(iniciar)* gestiones
negotiations started
se intercalan *(intercalar)* alternate

se les llama *(llamar)* are called
se levanta *(levantarse)* rises
se marchó *(marcharse)* went, left for
se nota *(notar)* can be seen
se presta *(prestarse)* lend yourself
se puede uno olvidar one can forget
se pueden ver *(poder ver)* can be seen
se refugió *(refugiarse)* sought refuge
se remontan *(remontarse)* date from
se reservaron el derecho *(reservarse)* reserved the right
se retan *(retar)* **los unos a los otros** challenge each other
se rindió *(rendirse)* surrendered
se rocía *(rociar)* sprinkled
se tarda *(tardar)* takes (time)
se usaban *(usar)* were used
se vengó *(vengarse)* took revenge
se volvió pedazos *(volver)* broke into pieces
seca dry
seguidores, *(m)* followers
seguirle *(seguir)* **los pasos** to follow in his footsteps
seguro, *(m)* insurance
selva tropical, *(f)* rain forest
selva virgen, *(f)* thick (wild) jungle
sembrada *(sembrar)* planted
semejan *(semejar)* resemble
señal divina, *(f)* heavenly sign
septentrional northern
sepulcro, *(m)* tomb, sepulchre
sequedad, *(f)* dryness
ser ordenado sacerdote to be ordained priest
serranía, *(f)* mountain range
servir de intérprete to serve as an interpreter
siempre que maneje (manejar, *LAmerica*) whenever you drive;
sierra, *(f)* mountain range
siku, *(m)* South American wind instrument
similitud, *(f)* similarity
sin costo alguno (coste, *Spain*) with no charge,
sin igual unique

sinagoga, *(f)* synagogue
sismo, *(m)* earth tremor
sistema de montañas, *(m)* mountain range
sitio, *(m)* siege
sobresalen *(sobresalir)* stand out
soleada sun-bathed
sometida *(someter)* subjected
sonido, *(m)* sound
sorber el seso a to turn the mind of
sótano, *(m)* basement
suavidad, *(f)* smoothness
súbitamente suddenly
subyugado *(subyugar)* subjected, conquered
suele *(soler)* **ser** is usually
suelo natal, *(m)* birth place
supuesta alleged
surco, *(m)* furrow
sureño from the south
surgido *(surgir)* emerge
surgió *(surgir)* arose
surtidor, *(m)* water jet
susurro, *(m)* rustle
sutileza, *(f)* subtlety

T

tablao, *(m)* place where flamenco is performed
tacón, *(m)* heel (of shoe)
taconeo, *(m)* tap dance
tallada cut (stones)
tarjeta de crédito, *(f)* credit card
tasa de inflación, *(f)* inflation rate
taza, *(f)* cup
tejido, *(m)* fabric, cloth
temporada, *(f)* season period
temprana early
tenaz tenacious
terraza, *(f)* terrace
terremoto, *(m)* earthquake
territorio, *(m)* land
tierra blanda, *(f)* soft soil
Tierra Prometida, *(f)* the Promised Land
tipo de sangre, *(m)* blood type
tonta silly
topónimo, *(m)* place name

torrente, *(m)* river flow
torreón, *(m)* turrets
tortilla, *(f)* maize pancake
traductor, *(m)* translator
trajeron *(traer)* brought
transcurso, *(m)* passing (of time)
tras after, behind
trazar to outline
trazo continuo, *(m)* continuous
  stroke
tribu, *(f)* tribe
tributo, *(m)* tax
trigo temprano, *(m)* early wheat
trucha, *(f)* trout
tucán, *(m)* toucan
tumba, *(f)* tomb, grave
tumbar el toro to 'throw' a bull

U

un poco más del doble more than
  twice
única only
unirse to join

V

varían *(variar)* vary
vatio, *(m)* watt
vega, *(f)* fertile plain, meadows
vegetación selvática, *(f)* woodland
veleta, *(f)* weather-vane

velocidad, *(f)* speed
veloz fast
venado, *(m)* deer
vengarse to take revenge
venta, *(f)* sale
ventajosa advantageous
verdear to turn green
verso, *(m)* poem, poetry
vestigio, *(m)* vestige, remnants
viajero, *(m)* traveller
vías, *(f)* roads
vínculo, *(m)* link
viñedo, *(m)* vineyard
vista (a la) in sight
vista, *(f)* eyes, sight
vistas, *(f)* views
vistosa colourful
vitral, *(m)* stained window
vivienda, *(f)* dwelling
vuestra merced, *(f)* your lordship

Y

yacimiento, *(m)* bed, deposit

Z

zanahoria, *(f)* carrot
zapateado, *(m)* tap dance
zona de reserva, *(f)* natural reserve
zorzal, *(m)* thrush

Index